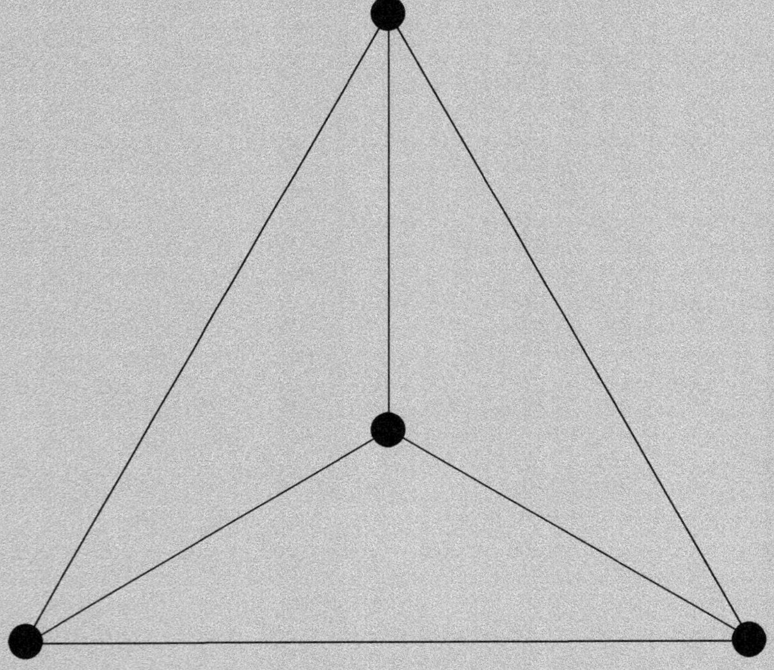

É LÓGICO?

É lógico?

Walter Paixão

2023

70

É LÓGICO?

AUTOR: Walter Paixão

DIRETOR DA ALMEDINA BRASIL: Rodrigo Mentz
EDITOR: Marco Pace
EDITOR DE DESENVOLVIMENTO: Rafael Lima
ASSISTENTES EDITORIAIS: Larissa Nogueira e Letícia Gabriella Batista
ESTAGIÁRIA DE PRODUÇÃO: Laura Roberti

COORDENAÇÃO EDITORIAL: Milton Meira do Nascimento
PROJETO GRÁFICO ORIGINAL: Marcelo Girard e IMG3
FINALIZAÇÃO: Roberta Bassanetto

ISBN: 9786554270762
Maio, 2023

Dados Internacionais de Catalogação na Publicação (CIP)
(Câmara Brasileira do Livro, SP, Brasil)

Paixão, Walter
É lógico? / Walter Paixão. -- 2. ed. -- São Paulo : Edições 70, 2023.

ISBN 978-65-5427-076-2

1. Filosofia 2. Lógica I. Título.

23-148914 CDD-160

Índices para catálogo sistemático:

1. Lógica : Filosofia 160
Eliane de Freitas Leite - Bibliotecária - CRB 8/8415

Este livro segue as regras do novo Acordo Ortográfico da Língua Portuguesa (1990).

EDITORA: Almedina Brasil
Rua José Maria Lisboa, 860, Conj.131 e 132, Jardim Paulista
01423-001 São Paulo | Brasil
www.almedina.com.br

Para meus netos

Sumário

*"Todos temos alguma espécie de conhecimento de formas lógicas.
O que cabe fazer é torná-lo explícito, consciente, familiar.
O estudo da lógica destina-se, entre outras coisas, a isso."*

Leônidas Hegenberg
LÓGICO BRASILEIRO

Apresentação

Este pequeno livro é a segunda edição do meu *Aprendendo a raciocinar,* publicado em 2007 pela editora Humanitas, da Faculdade de Filosofia da USP.

Reapresentado com novo título, alguns acréscimos, nova roupagem gráfica e sem a carga de exercícios da edição anterior, o livro fica mais leve e arejado. E torna mais acessível a todos a experiência que tive como professor de Lógica na rede pública de ensino do Estado de São Paulo.

Esta lógica demonstrativa ajudou meus antigos alunos a raciocinarem melhor, e agora poderá ajudar também a você. Onde? – em cada um dos muitos papéis que tem que desempenhar em nossa sociedade. Quando? – sempre que for desafiado a "provar o que diz", apresentar argumentos.

Se não alcancei o céu da simplicidade, ao descrever os elementos básicos do argumento, que pelo menos não tenha caído no inferno do simplismo!

1 O que é lógica?

Temos o hábito de usar a torto e a direito a expressão *"É lógico!"*. Ou, abreviadamente, *"Lógico!"*. Pelo menos aqui no Brasil é assim. Chega a ser quase um vício.

– José, você foi promovido? – Lógico que fui!

– Seu time venceu ontem? – Lógico!

– A atual taxa de juros é razoável? – Lógico que não!

– O mercado reagirá desfavoravelmente? – Lógico!

– Este material resistirá à pressão? – Lógico!

– É lógico que eu vou te esperar!

– O senhor não desviou as verbas? – Lógico que não!

Lógico, lógico, lógico...

Será mesmo que tudo é lógico?

Antes de mais nada

É preciso admitir que a palavra "lógica", se empregada apropriadamente para qualificar uma declaração, deve trazer (e geralmente traz) ao nosso espírito a ideia de que estamos diante de uma afirmação evidente ou provada. Seja no plano abstrato da lógica formal ou no plano empírico da ciência em geral.

No exemplo acima, ao exclamar "Lógico que fui!", em resposta à pergunta "Você foi promovido?", é como se José quisesse nos dizer: "Sim, fui promovido, e esta minha afirmação – 'fui promovido'– é lógica. Ou seja, apoia-se em uma prova ou evidência que obriga você a admitir que o fato que mencionei – ter eu sido promovido – é um fato verdadeiro".

Mas repare que a evidência que o nosso personagem José diz inconscientemente que dá sustentação à afirmação que fez, se existe, existe apenas na imaginação dele e não nos foi apresentada. De fato, onde está a prova que a expressão "é lógico" indica que José tem para a afirmação que faz? Em lugar nenhum. José faz uma afirmação sem prova. E, por isso, do ponto de vista da Lógica como disciplina de estudo, ele está fazendo um uso vazio, inteiramente impróprio, da expressão "é lógico".

Suponha agora que, diante da pergunta se foi promovido, José dissesse: "Ficou estabelecido que o critério para a promoção dos alunos seria que estes obtivessem nota mínima 5 na prova escrita e comprovassem presença em pelo menos 80% das aulas. Ora, eu obtive a nota 6,5 na prova escrita e estive presente em 90% das aulas. Portanto, é lógico que fui promovido". Neste caso, a situação seria outra: a expressão "é lógico", referindo-se ao seu enunciado-resposta, estaria sendo utilizada de forma apropriada, pois a afirmação de que fora promovido estaria acompanhada de evidências, isto é, de outras afirmações destinadas a confirmá-la. E nós poderíamos então analisar a coleção completa dessas afirmações para saber se formavam ou não um discurso lógico legítimo.

Em resumo, se uma pessoa afirma secamente: "É lógico que tal coisa é assim", não temos como saber se o que ela afirma é realmente lógico ou não. Mas, se faz esta afirmação, relacionando-a com outras afirmações, a partir daí estamos em condição de analisar a totalidade do discurso dela para avaliar se há ou não boa lógica no que diz.

2 Cadê a lógica?

Para produzir um discurso lógico você precisa fazer uma afirmação acompanhada de outras afirmações. Mas isso não é suficiente. Você também precisa contar com alguns conceitos básicos da Lógica para saber quais são os elementos que objetivamente tornam o seu discurso um argumento.

Definida como meio de confirmação de nossas declarações, a Lógica é algo que pode ser encontrado somente depois que fazemos *inferências*. Perguntemo-nos então: o que é *inferir*?

Inferir

Inferir é raciocinar. É o mesmo que fazer uma afirmação apoiada em outras afirmações. Por isso, uma afirmação única, desvinculada de outras afirmações, não constitui inferência; e não pode ser chamada de afirmação lógica. Diante da pergunta "O leite é branco?", é quase inevitável que alguém responda com toda a ênfase: "É lógico que o leite é branco".

Mas não, não é. A afirmação "O leite é branco", isoladamente considerada, pode até ser verdadeira. Mas não pode ser lógica.

A expressão "é lógico que" não confere condição lógica à afirmação que a complementa, porque aqui a sua função no discurso não é indicar a existência de uma evidência ou prova – é usar indevidamente a autoridade conferida pelo nome "lógica" para fazer parecer que a afirmação que se segue está apoiada em alguma evidência ou prova.

O oposto de uma afirmação isolada é uma coleção de afirmações, como estas: "O leite é branco", "A vaca é preta", "O dólar está em alta", "O meu time venceu", "A rosa é uma flor". Como se vê, aqui a afirmação "O leite é branco" não está mais isolada. Mas, novamente, atenção! Não basta que uma afirmação se apresente em companhia de outras afirmações, formando uma coleção, para tornar-se lógica. Nesta coleção, a afirmação principal precisa estar relacionada de um modo determinado com as demais afirmações. Ou seja, precisa estar integrada em uma relação de inferência.

Ao inferir ou raciocinar, nossa mente se move progressivamente de afirmação em afirmação até uma afirmação principal. Vejamos um exemplo deste movimento. Afirmo que "Se a água ferve ao nível do mar, então a água atinge 100° C", acrescento que "A água ferve ao nível do mar", e finalizo afirmando que "A água atinge 100° C". Este movimento de raciocínio é estudado pela psicologia, particularmente a psicologia do conhecimento. Mas a Lógica também faz referência a tal movimento, denominando-o *inferência*. Esta é uma palavra derivada do latim, que significa *levar para, conduzir*. Talvez por isso, muitos lógicos se sentiram tentados a caracterizar a inferência como sendo uma espécie de *força* que empurra a mente de um ponto de partida, chamado premissa ou premissas, para um ponto de chegada chamado conclusão. De fato, depois de afirmarmos que "se a água ferve ao nível do mar, então a água atinge 100° C" e, na sequência, afirmarmos que "a água ferve ao nível do mar", nos sentimos *forçados* a afirmar também que "a água atinge 100° C". Vê-se, então, que uma *relação de inferência* equivale a uma *relação de decorrência* – de dadas afirmações decorre forçosamente outra afirmação.

Entretanto, não é este movimento da mente (supostamente impulsionado por uma "força") o que constitui o objeto de estudo da Lógica. O que, rigorosamente, interessa à lógica formal estudar e classificar são as relações abstratas que se estabelecem entre as afirmações que compõem uma inferência.

As afirmações que compõem uma inferência relacionam-se entre si de modo tal que uma destas afirmações apresenta-se como afirmação apoiada; e as demais, como afirmações apoiadoras, se a inferência for *mediata*. Ou como afirmação apoiadora, no singular, se a inferência for *imediata*.

Apresentando evidências, o conjunto das afirmações apoiadoras de um argumento constitui uma justificação ou explicação da afirmação apoiada.[2] Voltemos ao exemplo dado acima. As afirmações "Se a água ferve ao nível do mar, então a água atinge 100° C" e "A água ferve ao nível do mar" constituem, em conjunto, a justificação que apoia a afirmação de que "A água atinge 100° C". Perceba que, diferentemente do movimento geral que produziu cada uma destas afirmações, existe o movimento específico que cria uma relação de inferência, unindo o início e o fim do discurso, mediante uso da expressão "Se..., então". São exatamente relações abstratas como esta que interessam à lógica formal definir, classificar e avaliar.

Consequentemente, o modo de apreensão da relação lógica é puramente intelectual. Ao dirigir o foco da minha atenção para os enunciados "Se a água ferve ao nível do mar, então a água atinge 100° C" e "A água ferve ao nível do mar", apreendo uma relação abstrata evidente entre eles, que me obrigam a admitir a afirmação – implícita nas afirmações anteriores – de que "A água atinge 100° C". Já o modo de apreensão de uma relação empírica, presente nas atividades dos cientistas, implica sempre em alguma espécie de experiência sensível: em determinado momento, com base na percepção direta de um fenômeno natural (em que uma porção de água, ao ser submetida a uma certa intensidade de calor ao nível do mar, produz bolhas em profusão, *ferve*), o cientista afirma que ocorreu a condição de verificação da regra implícita, e a água atingiu 100° C.

Afirmações *versus* enunciados

Quando uma afirmação é objetivada mediante nossa fala ou escrita, ela se converte em enunciado; do mesmo modo, ao enunciarmos o conjunto das afirmações que compõem nossas inferências, nós as convertemos em argumento. Em outras palavras, inferência e afirmação são nomes de atividades mentais; argumento e enunciado são nomes de entidades linguísticas, corporificadas em sequências de sons ou sinais grafados.

O que isto quer dizer? Quer dizer que afirmação e inferência são fenômenos subjetivos, ocorrem apenas no âmbito da nossa mente; e enunciado e argumento são fenômenos objetivos, coisas situadas no mundo exterior, algo que o vento pode levar ou podemos conservar (escritas em uma lousa, gravadas em um *CD, pen drive, chip*... ou rabiscadas num papel qualquer). Por isso, uma pessoa pode desenvolver longos raciocínios sem produzir um único argumento: neste caso ela se limita a raciocinar sem expressar seus raciocínios.

Os raciocínios ou inferências somente se convertem em argumentos quando as afirmações que os constituem são "colocadas para fora", isto é, são plasmadas nos respectivos enunciados, adquirindo expressão objetiva na linguagem. Mas o inverso não é verdadeiro: ao produzirmos argumentos, produzimos, ao mesmo tempo, inferências.

Afirmação e enunciado são faces de uma mesma moeda, assim como o são a inferência e o argumento. Com uma diferença: argumento, estando fixado na linguagem, é objeto de estudo direto da Lógica; inferência – atividade mental – é objeto de estudo indireto. De qualquer modo, onde houver inferência ou argumento, a Lógica poderá estar presente.

Desafios

Enquanto reflete sobre os conceitos expostos, pense na resolução dos desafios que enunciamos a seguir[1]. Mas procure pensar com lógica, levando em conta esta observação: resposta seca, sem justificativa, do tipo "é porque é", mesmo quando verdadeira, não é a resposta lógica que esperamos. Esta deve vir acompanhada de outras afirmações que possam confirmá-la.

Desafio 1

Os políticos mentem

NUMA CERTA comunidade mítica, os políticos sempre mentem e os não políticos falam sempre a verdade. Um estrangeiro encontra-se com três nativos e pergunta ao primeiro deles se é um político. Este responde à pergunta. O segundo nativo informa, então, que o primeiro nativo negou ser um político. Mas o terceiro nativo afirma que o primeiro nativo é, realmente, um político. Pergunta-se: quais desses nativos eram políticos?

Desafio 2

O cego enxerga

DE TRÊS prisioneiros que estavam num certo cárcere, um tinha visão normal, o segundo era caolho e o terceiro era totalmente cego. Os três eram, pelo menos, de inteligência média. O carcereiro disse aos prisioneiros que, de um jogo de três chapéus brancos e dois vermelhos, escolheria três e os colocaria em suas cabeças. Cada um deles estava proibido de ver a cor do chapéu que tinha em sua própria cabeça.

Reunindo-os, o carcereiro ofereceu a liberdade ao prisioneiro com visão normal se ele dissesse qual a cor do chapéu que tinha na cabeça. Este confessou que não podia dizer. A seguir, o carcereiro ofereceu a liberdade ao prisioneiro que tinha um só olho, na condição de que dissesse a cor do seu chapéu. O caolho confessou que também não sabia dizer. O carcereiro não se deu ao trabalho de fazer idêntica proposta ao prisioneiro cego, na presunção de que este, privado da visão, não podia responder.

Mas, para surpresa geral, ele insistiu em participar do jogo. Tanto que o carcereiro concordou em dar-lhe a mesma oportunidade. O prisioneiro cego abriu então um amplo sorriso e disse: "Pelo que meus amigos disseram, vejo, claramente, que a cor do meu chapéu é_________".

Pergunta-se: com que afirmação e com quais raciocínios o cego completou a sua resposta? Responda e compare as respostas que encontrar com as que apresentamos ao final do livro.

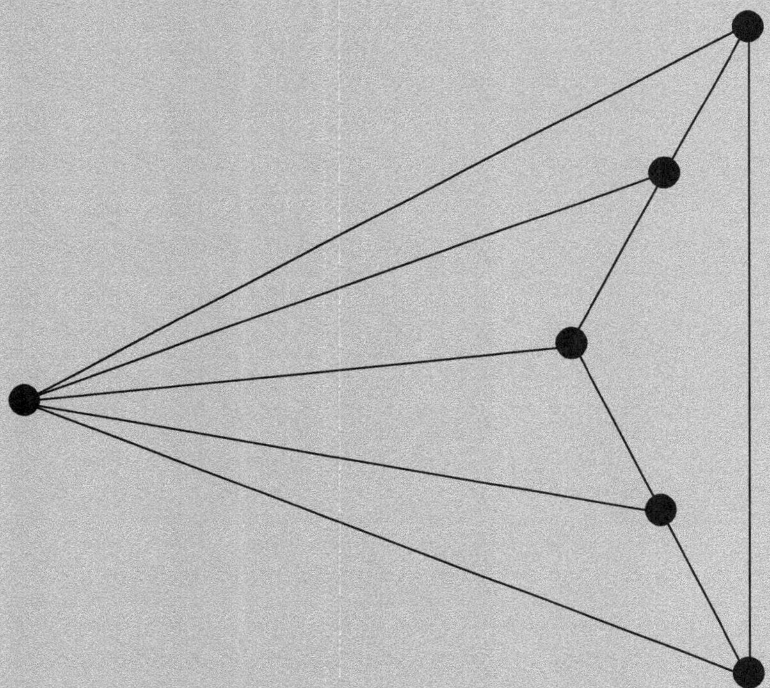

3 O argumento

Consideremos novamente a afirmação "É lógico que o leite é branco". Assim como se apresenta – expressa na linguagem –, esta afirmação constitui um enunciado. E nos foi apresentado isoladamente mais acima como se fosse uma conclusão. Mas sabemos agora que, apesar de começar com a expressão "é lógico", o referido enunciado não constituía a conclusão de um argumento, pois não estava acompanhado de nenhum outro enunciado que pudesse apoiá-lo na função de evidência.

Para atribuirmos a este enunciado a função de conclusão, ele deve integrar uma coleção de enunciados, mas não uma coleção de enunciados desarticulados como a mostrada anteriormente (*O leite é branco; a vaca é preta; o dólar está em alta; a rosa é uma flor*). Uma coleção de enunciados lógicos tem de ter algo mais, tem de ter enunciados articulados entre si. Resumindo, uma coleção de enunciados lógicos deve exibir também uma relação de inferência.

Considere esta outra coleção:

Todos os meus gatos bebem somente bebidas brancas; dei leite aos meus gatos; meus gatos beberam este leite; é lógico que o leite é branco.

Repare, o que temos diante de nós não é mais um enunciado isolado, nem uma coleção de enunciados desarticulados. É uma coleção, cujos enunciados relacionam-se articuladamente, *de um modo determinado.* O enunciado "O leite é branco" é agora um enunciado apoiado pelas evidências que o acompanham; constitui portanto uma conclusão. E os demais enunciados (*Meus gatos bebem somente bebidas brancas; dei leite aos meus gatos; meus gatos beberam este leite*), funcionando como evidências, são enunciados-apoiadores, recebendo o nome de *premissas.* Portanto, estamos diante de um argumento.

Talvez você esteja pensando que a primeira coleção de enunciados (*O leite é branco; a vaca é preta; o dólar está em alta; a rosa é uma flor*) não constitua um argumento porque falta sentido a esta coleção, ou seja, o que é afirmado ali não tem pé nem cabeça. Se estiver pensando assim, você está incorrendo em erro. Assim como há coleções de enunciados "plenos de sentido" que não formam argumentos, há também coleções de enunciados "sem sentido" que constituem argumentos. Portanto, na lógica formal, que é a lógica que estamos estudando, aquele algo mais que caracteriza uma coleção de enunciados como sendo um discurso lógico não se refere ao sentido ou conteúdo dos enunciados; refere-se à *forma* pela qual a coleção de enunciados se apresenta para expressar a relação de inferência que se estabelece entre uma ou mais premissas e uma conclusão.

Voltaremos a tratar dessa questão mais adiante. Por enquanto, considere apenas isto: há argumentos "bons" e argumentos "ruins". E nós distinguimos uns dos outros pelo conhecimento que tenhamos da Lógica formal. É ela que nos diz em que exatamente consiste o algo mais que torna uma coleção de enunciados um argumento, sem que para isto tenhamos que levar em conta os conteúdos veiculados por estes enunciados.

Mas é claro que, para sabermos se um argumento é bom ou ruim, temos antes de indentificá-lo, saber que as frases que temos à frente formam um argumento!

Indícios de argumentos

Quando nos deparamos com as declarações feitas por homens e mulheres comuns, em seu dia a dia, nem sempre conseguimos identificar argumentos naquilo que falam ou escrevem. Muitas vezes isso acontece porque, embora devessem nos apresentar argumentos, essas pessoas não os apresentam. É que nas sociedades de hoje, dominadas por imagens e pobres em linguagem verbal, a arte de argumentar vai-se tornando inacessível às pessoas comuns.

Mas também pessoas instruídas, tais como jornalistas, professores e até escritores profissionais, por desconhecerem os rudimentos da lógica, podem fracassar em sua intenção de produzir argumentos. Uma pena, porque em sociedades que abrigam interesses econômicos e culturais tão diversos como a brasileira, os argumentos são necessários para que cada grupo demonstre a legitimidade das suas demandas no interior de um projeto comum de sociedade.

Por outro lado, em muitas ocasiões, entramos em contato com premissas e conclusões. Temos portanto um argumento diante de nós, mas não percebemos! Daí a importância da pergunta: como saber se o discurso que temos diante de nós é um argumento?

Nos discursos orais ou escritos, são utilizadas palavras ou expressões que podem indicar a ocorrência de premissas e conclusões. E, consequentemente, de argumentos. Denominadas pelos gramáticos "conjunções" ou "locuções conjuntivas", eis algumas das palavras que poderão estar indicando as presenças ou de premissas ou de conclusões: *porque, uma vez que, pois, por isso, dado que, visto que, devido a, em razão de, logo, portanto, assim, donde, consequentemente etc.*

Premissa e *conclusão* são enunciados que desempenham no interior do argumento funções que se complementam. Isto é, a definição da função de premissa inclui de modo enviesado a definição da função de conclusão, e vice-versa. Aonde vai a premissa, a conclusão vai atrás, formando um argumento.

Premissas

Premissa é o enunciado que *apoia*, quer dizer, justifica, corrobora, *dá* o porquê daquilo que é afirmado ou negado na conclusão de um argumento. Por isso, ao nos depararmos com a palavra *porque* ou expressões com significados equivalentes, como *dado que*, *uma vez que*, *visto que*, *pois* etc., devemos ficar atentos, pois o enunciado que vem na sequência dessas palavras ou expressões pode ser uma premissa. Se for, ao examinarmos o contexto em que a premissa aparece, deveremos encontrar também uma conclusão, revelando ambas a presença de um argumento. Analisemos este exemplo:

> *O câncer de pele tem aumentado porque a camada de ozônio do planeta tem sido destruída.*

A palavra *porque* introduz o enunciado "a camada de ozônio do planeta tem sido destruída". É fácil perceber que a função deste enunciado é apoiar, tornar evidente o enunciado principal. Ou seja, tem a função de premissa. E o outro enunciado desta composição, "O câncer de pele tem aumentado", confirmado pela evidência apresentada na premissa, funciona como conclusão. E ambos formam em conjunto um argumento. (Outra questão – a ser estuda mais adiante – é saber se se trata de um argumento "bom" ou "ruim").

Diante de uma afirmação qualquer que você faça, alguém pode lhe perguntar: – Por quê? Saiba então: ao responder a esta pergunta, você pode estar enunciando a premissa ou premissas de uma conclusão; pode estar construindo um argumento.

Conclusão

A ocorrência de uma conclusão, enunciado principal do nosso discurso e que constitui a "tese" que estamos defendendo, pode ser identificada a partir das palavras *portanto, logo, por isso, consequentemente, concluindo, assim* e outras. Exemplo:

> *Em ano de eleições, os políticos sempre prometem mais do que podem realizar. Estamos em ano de eleições. Portanto, agora vamos ouvir muitas promessas que não se realizarão.*

Mas cuidado! Nem sempre essas palavras são empregadas de maneira apropriada. Principalmente nos discursos orais, é comum o uso impróprio e interesseiro da palavra *portanto* e seus equivalentes. O mal uso acontece assim: o orador, utilizando uma palavra indicativa de conclusão (*portanto*, por exemplo), sinaliza que está concluindo; ou seja, sinaliza que está afirmando algo apoiado por alguma evidência anteriormente oferecida. Mas não está. Ao contrário, movido apenas pelo interesse de ver aceito seu ponto de vista (e não com base em evidências racionais), ele não apresenta sequer um enunciado-apoiador, escancarando assim o uso interesseiro do *portanto*. Ou então apresenta falsos apoios, sob a forma de enunciados que não afirmam coisa alguma; logo, não podem justificar ou apoiar sua suposta conclusão.

Vejamos uma situação imaginária em que a palavra *portanto*, utilizada com alta frequência por um orador exaltado durante um debate, não introduz afirmação apoiada em alguma evidência; e portanto não introduz conclusão. Eis o exemplo:

> *Não recebi propina alguma da empreiteira Safa. Portanto, vá direto ao ponto, jornalista. Meu acusador é um demagogo. Portanto, tenha a santa paciência! Não vou perder o meu tempo respondendo a estas acusações. Portanto, o que eu posso fazer? Outras pessoas já foram acusadas injustamente. Portanto, é evidente que sou honesto! A sua pergunta não tem cabimento. Portanto, não tenho nada a declarar sobre isso. Repito: trata-se de uma denúncia política. Portanto, o povo saberá me julgar.*

Como podemos verificar, as afirmações que se seguem aos *portanto* estão apoiadas, sim, mas apenas no clima emocional que o acusado tenta criar. Não em provas ou evidências. Aliás, algumas das "afirmações" contidas neste argumento não admitem confirmação, porque na verdade não afirmam nada – interrogam ou exclamam, exprimindo neste caso um sentimento, ou ordenam, emitindo voz de comando. Deixemos claro este ponto: apenas os enunciados chamados declarativos, aqueles que afirmam ou negam alguma coisa, sendo os únicos que podemos qualificar de verdadeiros ou falsos, podem interessar à Lógica. Logo, não constituem enunciados, para fins de análise lógica, frases interrogativas ("O que eu posso fazer?"), frases exclamativas ("Tenha a santa paciência!") e frases imperativas ("Vá direto ao ponto."). Estas, por não enunciarem fato ou situação que possamos verificar se são verdadeiros ou falsos, não podem funcionar nem como premissas nem como conclusão.

Padronização de argumento

Vejamos primeiramente um exemplo de argumento comum, apresentado em linguagem natural:

> *O câncer de pele tem aumentado porque a camada de ozônio do planeta tem sido destruída.*

Para facilitar a análise lógica de argumentos como este, nós lhe daremos, em quatro passos, uma nova apresentação, que será nossa *apresentação-padrão*:

Primeiro passo: sublinhamos todos os enunciados do argumento deixando de lado apenas os conectivos ou conjunções:

> *O câncer de pele tem aumentado porque a camada de ozônio do planeta tem sido destruída.*

Segundo passo: sublinhamos com dois traços apenas o enunciado- conclusão. (Antes, concordemos, todo argumento terá *apenas um* enunciado-conclusão, sendo os demais enunciados-premissas).

> *O câncer de pele tem aumentado porque a camada de ozônio do planeta tem sido destruída.*

Terceiro passo: "empilhamos" os enunciados identificados, colocando o enunciado-conclusão na base da pilha, antecedido de uma das palavras que signifiquem conclusão. Por exemplo, as palavras *portanto* ou *logo*.

> *A camada de ozônio do planeta tem sido destruída.*
> *Portanto, o câncer de pele tem aumentado.*

Quarto passo: substituímos as palavras *logo, portanto, consequentemente* etc., indicativas de uma conclusão, por este sinal: "∴" A apresentação-padrão ficará assim:

A camada de ozônio tem sido destruída.
∴ O câncer de pele tem aumentado.

Na vida real, os argumentos naturais quase nunca se apresentam arrumadinhos como no exemplo acima; podem exibir a conclusão no início e as premissas na sequência, e vice-versa; ou então, a conclusão intercalada nas premissas. Podem omitir enunciados; e com frequência são apresentados em linguagem pouco elaborada, muitas vezes de sentido ambíguo, que acaba por "esconder" as relações lógicas do discurso.

Por isso, uma etapa importante da análise lógica consiste em reordenar os argumentos encontrados, colocando-os na apresentação-padrão. Por outro lado, muitas vezes isso não basta: temos então de prosseguir no trabalho preparatório, intervindo no texto sob análise para explicitar eventuais relações subentendidas ou descartar expressões periféricas desnecessárias. Nessas situações, todo cuidado é pouco para não desvirtuarmos argumentos alheios.

Vejamos um exemplo de "intervenção", considerando o seguinte discurso imaginário:

A agência de publicidade KL informa que o filme publicitário estrelado pelo ator de novelas Roberto Roberto, que representa a si próprio consumindo alegremente o produto denominado Chá da Vida, é o responsável pela triplicação das vendas do produto entre pessoas de todas as idades e classes sociais. Estou inclinado a crer que isso é verdade, porque neste mundo há muitas pessoas ingênuas. O cidadão vê um ídolo do esporte ou da TV recomendar o uso de um produto e já vai adquiri-lo. Alguns são tão infelizes, sentem tanta necessidade de obter sucesso, que acham que, imitando gestos exteriores de pessoas famosas e supostamente felizes, vão se tornar felizes também.

Deste trecho, podemos extrair o seguinte argumento:

Se neste mundo há muitas pessoas ingênuas, pessoas que imitam gestos de "famosos" supostamente felizes, comprando o Chá da Vida que estes famosos fingem comprar, então haverá muitas pessoas ávidas de felicidade que comprarão o Chá da Vida.

Ora, neste mundo há muitas pessoas ingênuas.

∴ Há muitas pessoas que imitarão gestos de pessoas famosas e supostamente felizes, e comprarão Chá da Vida convencidas de que isto as tornará felizes também.

4 Argumentos caseiros

Vejamos a seguir uma série de argumentos casuais, expressos em linguagem natural, que podemos eventualmente encontrar em casa, no trabalho, na escola ou mesmo em um jorrnal, livro ou TV. Vamos inferir?

O céu está nublado. Logo, vai chover.

Estou vendo o rabo de um gato no vão. Há um gato atrás desta porta.

Três mais dois é igual a cinco; quatro mais um é igual a cinco; então, três mais dois é igual a quatro mais um.

Populações inteiras atingidas pelo desemprego e dispondo de um sistema público de ensino ineficaz são realidades que produzem hoje, no seio das famílias pobres do Brasil, inclusive as dos negros, estudantes semi-analfabetos. Por isso, é um equívoco acreditar que o chamado "sistema de cotas" poderá resolver, por si só, independentemente de uma reforma geral do sistema educacional, o problema da exclusão universitária que atinge o jovem negro.

A temperatura dos mares atingirá 100° C ao nível do mar. Logo, os mares entrarão em ebulição.

A propaganda do armamento do cidadão é enganosa porque, ao levar pessoas em geral despreparadas a portar e manejar armas, produzirá um efeito contrário ao que promete, aumentando a insegurança dos cidadãos.

Trabalhadores desempregados, sem renda, dependem de transporte subsidiado para se locomoverem na cidade. O "bilhete único" não só não pode acabar como tem que ser ampliado. O transporte é um recurso importante para se procurar trabalho, buscar atendimento nos hospitais e postos de saúde, e ir às escolas.

A capacidade do sistema viário cresce em razão aritmética; a produção de automóveis cresce em razão geométrica. A consequência desta situação é clara: ou se diminui a produção de automóveis ou o trânsito para.

Houve inundação em toda a cidade. Por isso meu ônibus atrasou.

Será que estes argumentos são "bons"?

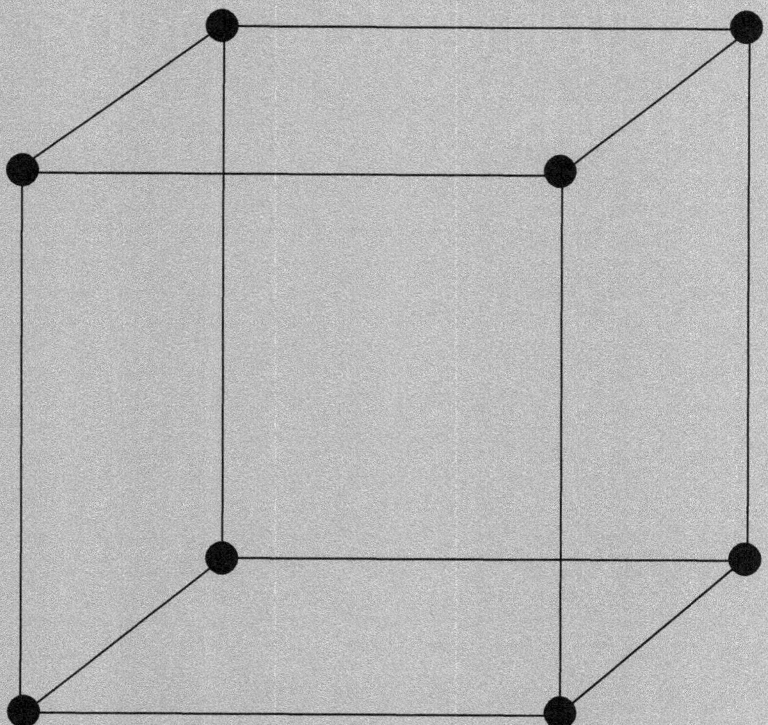

5 Argumentos “bons” e “ruins”

Diante de discursos como os que acabamos de ver, recorremos à Lógica para saber se são argumentos "bons" ou argumentos "ruins", válidos ou não válidos. O grande filósofo da Grécia antiga Aristóteles, fundador da Lógica, afirmou que um argumento "bom" seria assim:

> "Discurso no qual, postas certas coisas, algo outro que não estas resulta necessariamente do fato de estas terem sido postas".

Por incrível que pareça, embora formulada tantos séculos atrás, esta definição de validade dedutiva ainda pode ser aceita hoje, sem reparo. Benson Mates, importante lógico contemporâneo, afirma:

> "Um argumento é válido, se e somente se não é possível que suas premissas sejam verdadeiras e a conclusão falsa".

Em outras palavras, se for pelo fato de admitirmos serem

verdadeiras as premissas (e não por qualquer outro motivo) que admitimos ser verdadeira também a conclusão, então o argumento em questão deverá ser considerado "bom", válido.

Argumentos dedutivos e indutivos

Se a relação entre as premissas e a conclusão do argumento for uma relação de *consequência* necessária, o argumento será dedutivo; se for uma relação de consequência apenas provável, o argumento será indutivo.

Consequência necessária ocorre quando o fato de admitirmos a verdade da premissa de um argumento nos obrigar a aceitar incondicionalmente a verdade da sua conclusão. Já a consequência provável ocorre quando o fato de admitirmos a verdade das premissas nos obrigar também a aceitar a verdade da conclusão, mas somente condicionalmente. É que, sob certas circunstâncias, ao contrário do que acontece com os argumentos dedutivos, o valor de verdade de uma conclusão obtida por indução pode sofrer alterações. Mostramos isso mais abaixo com exemplos.

O argumento dedutivo nos conduz de uma verdade mais geral para uma verdade menos geral.

Exemplo:

Todo brasileiro tem direito à educação.
José é brasileiro.
∴ *José tem direito à educação.*

Ao contrário, o argumento indutivo nos conduz de verdades menos gerais para uma verdade mais geral.

Exemplo:

Todas as amostras de água dos oceanos que foram experimentadas eram salgadas.
∴ *Portanto, todas as águas dos oceanos são salgadas.*

Argumentos dedutivos válidos

Argumentos dedutivos válidos são aqueles pelos quais da verdade das premissas decorre, necessariamente, a verdade da conclusão. Em outras palavras, a conclusão de um argumento dedutivo válido não poderá ser falsa se as suas premissas forem verdadeiras. Por quê? – Porque o argumento dedutivo é construído em uma forma tal que o que é admitido como verdadeiro na sua conclusão já havia sido admitido como verdadeiro nas suas premissas; ou seja, a informação contida na conclusão já estava contida nas premissas. Pode-se por isso afirmar que enunciados que exprimam conclusões dedutivas são *explicitativos*.

Exemplos:

Todo mamífero necessita de proteínas.
Todo homem é mamífero.
∴ Todo homem necessita de proteínas.

Se o dólar sobe, a Bolsa de Valores cai.
O dólar sobe.
∴ A Bolsa de Valores cai.

Argumentos indutivos válidos

São aqueles mediante os quais da verdade das premissas decorre – muito provavelmente, mas não necessariamente – a verdade das conclusões.

Ao contrário dos argumentos dedutivos, os indutivos são construídos de forma a permitir que, circunstancialmente e sem nos contradizermos, possamos admitir a verdade das premissas e, ao mesmo tempo, a falsidade das conclusões. Porque o que é afirmado na conclusão – diferentemente do que ocorre com os argumentos dedutivos – *excede*, ultrapassa o que foi afirmado nas premissas. Pode-se por isso afirmar que enunciados que exprimam conclusões indutivas são *amplificativos*.

Analisemos um exemplo:[3]

Todos os cavalos que foram observados tinham um só coração.
∴ Todos os cavalos têm um só coração.

Note que o enunciado que constitui a premissa deste argumento afirma que a "classe dos cavalos observados" está incluída na "classe dos seres que têm um só coração"; e o enunciado da conclusão afirma que a "classe de *todos* os cavalos" – tanto a dos que foram observados como a dos que não foram observados – está incluída na "classe dos seres que têm um só coração". Ou seja, a conclusão deste argumento amplia, diz mais do que fora dito na sua premissa. E, por isso, excede o que esta enuncia. Em relação à parte excedente, formada pela "classe dos cavalos não observados", nós presumimos que todos os seus membros, caso venham a ser observados, mostrarão que também eles têm um só coração, exatamente como os membros da classe dos cavalos que foram observados.

O grau de certeza da conclusão obtida por indução depende da qualidade da observação feita. E esta, por sua vez, depende da fidelidade da amostra composta, da eficácia dos instrumentos de observação utilizados e de uma análise competente dos dados obtidos.

De qualquer modo, o grau de certeza da conclusão obtida

por indução pode ser alterado mediante acréscimo de novas premissas ao argumento. O grau de certeza aumenta quando novas premissas reforçam conclusões anteriores; diminui quando enfraquecem estas conclusões; ou se extingue quando as contradizem.

Consideremos o seguinte exemplo:

> *Analisada uma amostra constituída de mil porções de alimentos produzidos por restaurantes de São Paulo, verificou-se que cinquenta destas porções estavam contaminadas por coliformes fecais.*
>
> ∴ *Cinco por cento dos alimentos produzidos em restaurantes de São Paulo estão contaminados por coliformes fecais.*

Depois de analisar nova amostra de alimentos, constituída agora não mais por mil mas por duas mil porções de alimentos, coletada por método semelhante também de restaurantes de São Paulo, poderíamos intervir no argumento primitivo adicionando-lhe nova premissa que ou reforçaria ou enfraqueceria ou extinguiria o grau de certeza da sua conclusão.

Reforçaria, se a premissa adicionada afirmasse que em 100 de uma amostra de duas mil novas porções de alimentos analisadas verificou-se a presença de coliformes fecais.

Enfraqueceria, se afirmasse que em 80 ou 120 de uma amostra de duas mil novas porções de alimentos analisadas verificou-se a presença de coliformes fecais.

Destruiria, se afirmasse que em nenhuma das duas mil novas porções analisadas verificou-se a presença de coliformes fecais.

Considerando ainda a possibilidade de extinção do grau de certeza de uma conclusão obtida por via indutiva, retomemos o exemplo acima:

> *Todos os cavalos que foram observados tinham um só coração.*
> ∴ *Todos os cavalos têm um só coração.*

E adicionemos a este argumento mais uma premissa:

> *Todos os cavalos que foram observados no tempo x tinham um só coração.*
> *O cavalo observado no tempo x' tem dois corações.*
> ∴ *Todos os cavalos têm um só coração.*

Conforme podemos observar, a premissa adicionada, assumida como verdadeira, não contradiz a premissa pré-existente, que também é verdadeira; mas a conclusão do argumento, antes verdadeira, torna-se evidentemente falsa. Conclui-se daí que a precariedade do grau de certeza da conclusão de um argumento indutivo, em relação a eventos futuros, possibilita que, em dado momento, possa-se afirmar, simultaneamente, a verdade das premissas e a falsidade da conclusão do argumento refutado. Um argumento válido para explicar a nova situação seria o seguinte:

Todos os cavalos que foram observados até o momento x tinham um só coração.
Um cavalo, observado no momento x', tinha dois corações.
∴ É falso que "todos os cavalos tenham um só coração".

Considere o argumento indutivo exemplificado acima, em comparação com o dedutivo, reapresentado abaixo.

Todos os mamíferos necessitam de proteínas.
Todo homem é mamífero.
∴ Todo homem necessita de proteínas.

A informação contida na conclusão deste argumento já está embutida nas suas premissas. Ao afirmarmos que a "classe dos mamíferos" foi incluída na "classe dos seres que necessitam de proteínas" e que a "classe dos homens" inclui-se na "classe dos mamíferos", estamos afirmando já, implicitamente, que a "classe dos homens" está incluída também na "classe dos seres que necessitam de proteínas".

Em outras palavras, o que se atribui a uma classe de objetos, em sua ocorrência como sujeito da conclusão de um argumento dedutivo, é tudo o que já fora atribuído a esta mesma classe de objetos, em sua ocorrência nas premissas. Por isso, em argumentos dedutivos válidos, uma verdade deduzida não admite graduação. Se as premissas do argumento são verdadeiras, a conclusão é necessariamente verdadeira.

6 Verdade *vs.* validade

Um argumento dedutivo válido, isto é, um argumento "bom", pode apresentar os seguintes casos de relações premissas/conclusão: a) todas as premissas verdadeiras e a conclusão verdadeira; b) algumas ou todas as premissas falsas e a conclusão verdadeira; e c) algumas ou todas as premissas falsas e uma conclusão falsa também. Argumentos dedutivos válidos *somente não podem apresentar* a seguinte situação: todas as premissas verdadeiras e a conclusão falsa.

A tabela abaixo mostra as três relações premissas-conclusão de um argumento válido, e a única relação em que o argumento dedutivo é não válido.

Premissas	Conclusão	Inferência
Verdadeiras	Verdadeira	Válida
Falsas	Verdadeira	Válida
Falsas	Falsa	Válida
Verdadeiras	Falsa	Não válida

Exemplificando a tabela:

1º caso: enunciados-premissas e enunciado-conclusão verdadeiros, inferência válida:

Todas as louças são quebráveis.	*(V)*
Algumas louças são joias.	*(V)*
∴ Algumas joias são quebráveis.	*(V)*

2º caso: enunciados-premissas falsos e enunciado-conclusão verdadeiro, inferência válida.

Todos os parafusos são animados.	*(F)*
Todos os tigres são parafusos.	*(F)*
∴ Todos os tigres são animados.	*(V)*

3º caso: enunciados-premissas falsos e enunciado-conclusão falso, inferência válida.

Todo sistema informatizado é invulnerável.	*(F)*
O Banco é um sistema informatizado	*(F)*
∴ O Banco é invulnerável.	*(F)*

4º caso: enunciados-premissas verdadeiros e enunciado-conclusão falsa, inferência não válida.

Todo brasileiro é louco por futebol.	*(V)*
Maradona é louco por futebol.	*(V)*
∴ Maradona é brasileiro.	*(F)*

Argumentos dedutivos não válidos podem conter enunciados diversos: premissas verdadeiras e conclusão verdadeira; premissas falsas e conclusão falsa; premissas falsas e conclusão verdadeira; e premissas verdadeiras e conclusão falsa. Destas combinações, merece atenção especial a primeira, em que o argumento dedutivo não válido apresenta premissas verdadeiras e conclusão verdadeira também. Analisemos o exemplo a seguir:

Todos os metais são passíveis de fusão. (V)
Todos os metais são minérios. (V)
∴ *Todos os minérios são passíveis de fusão.* (V)

Neste caso, as verdades das premissas e da conclusão não são suficientes para caracterizar o argumento como válido. Sua conclusão é verdadeira, mas esta verdade *não decorre* da verdade das premissas, *não está implicada* pela verdade das premissas. Por isso, se alguém quisesse negar a verdade da conclusão deste argumento, estaria livre para fazê-lo, mesmo se, ao mesmo tempo, admitisse a verdade das suas premissas.

Do mesmo modo, a falsidade evidente da conclusão de um argumento dedutivo não é suficiente para provar que este seja não válido. É o que mostra o exemplo seguinte:

Todo sistema informatizado é invulnerável. (F)
O Banco é um sistema informatizado. (V)
∴ *O Banco é invulnerável.* (F)

A condição indispensável para admitirmos a falsidade da conclusão de um argumento dedutivo válido é admitirmos também, ao mesmo tempo, a falsidade de pelo menos uma de suas premissas. Caso contrário, caímos em contradição.

*

Se a verificação dos valores de verdade das premissas e da conclusão de um argumento não é suficiente para estabelecermos sua validade ou não validade, como então saber se este argumento é "bom" ou "ruim"? – Verificando a *forma* do argumento. Pois, do ponto de vista da lógica *formal*, o argumento é classificado como "bom", se foi construído em forma "boa", forma correta; e é classificado como "ruim", se foi construído em forma "ruim", forma incorreta.

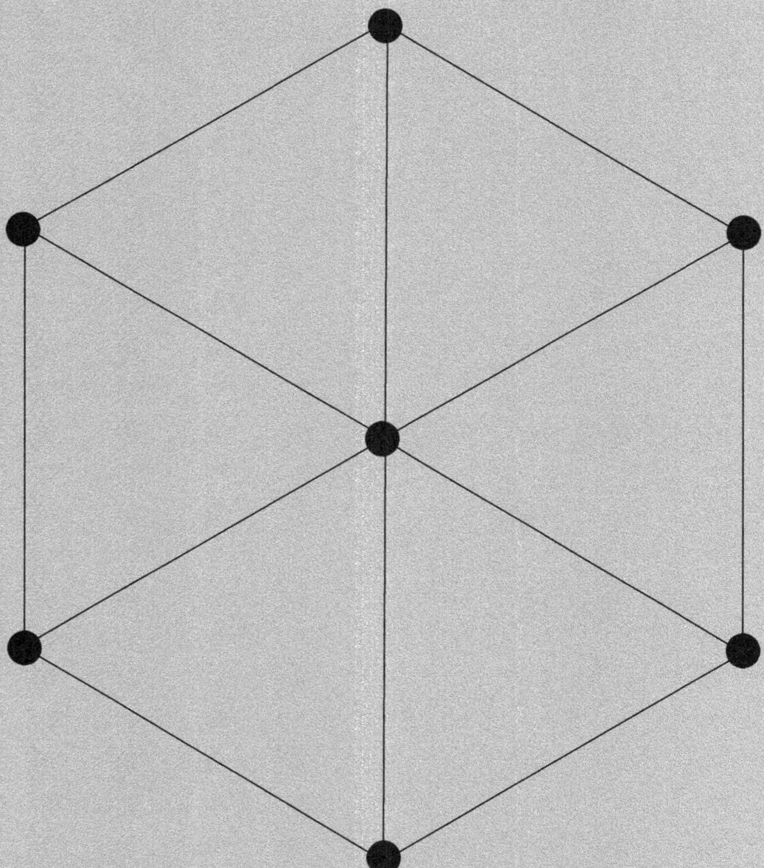

7 Forma

Considere o seguinte argumento:

Todo mamífero tem um único coração.
Todo cavalo é mamífero.
∴ *Todo cavalo tem um único coração.*

Note que este argumento estabelece uma relação entre três classes de objetos: a classe dos "mamíferos", a dos "seres que têm um único coração" e a dos "cavalos". Substituindo os termos que designam estas classes, sequencialmente, pelas letras "M", "C" e "V", obtemos :

Todos os M são C
Todos os V são M.
∴ *Todos os V são C.*

Esta é a *forma* do argumento. E forma não é argumento, é *estrutura vazia*, é *esquema*. Existem várias formas de argumento. Cada uma destas formas pode dar origem a uma quantidade virtualmente infinita de argumentos. Para isso, basta substituirmos as letras-símbolo que constituem o esquema por termos que se refiram a classes reais de objetos. Mas é preciso observar: um mesmo termo deve substituir uma mesma letra-símbolo em todas as suas ocorrências na forma do argumento que está sendo criado.

A forma que acabamos de mostrar, que os lógicos do passado apelidaram de *barbara*, é uma forma dedutiva válida. Qualquer argumento construído nesta forma será válido, independentemente do conteúdo dos seus enunciados. Ou seja, independentemente do que os enunciados do argumento estiverem "dizendo".

Verificamos isto percorrendo o caminho inverso da transformação realizada acima. Substituímos as letras "M", "C" e "V" por outras três classes quaisquer de objetos. Por exemplo, "M" por "animal", "C" por "parafuso" e "V" por "tigre". O resultado é o argumento enunciado mais acima, também válido porque construído em forma válida:

> *Todo animal é parafuso.*
> *Todo tigre é animal.*
> ∴ *Todo tigre é parafuso.*

Substituindo as letras-símbolos "M", "C" e "V", respectivamente por "homem", "mortal" e "Sócrates", obtemos:

Todo homem é mortal.
Sócrates é homem.
∴ Sócrates é mortal.

Este argumento de conteúdo filosófico é tão válido quanto aquele sem pé nem cabeça, porque ambos foram construídos dentro da forma válida enunciada acima.

Em resumo, a forma dedutiva válida *barbara*, como outras que ainda veremos, é única, mas é potencialmente infinita a quantidade de argumentos que podem ser construídos nesta forma. E não importa o fato de estes argumentos apresentarem combinações de premissas falsas e conclusão verdadeira; ou premissas falsas e conclusão falsa também. O que importa é que qualquer argumento construído nesta forma está submetido à regra de ouro de validação dos argumentos dedutivos: *se admitirmos suas premissas como verdadeiras, então teremos de admitir a conclusão como necessariamente verdadeira*.

Vale a pena insistir, porque o entendimento deste ponto é chave para entendermos a especificidade da lógica formal. O fato de os enunciados que constituem dado argumento dedutivo serem verdadeiros (ou falsos) é irrelevante para determinarmos a validade (ou não validade) do argumento. O que efetivamente determinará a validade ou não validade de um argumento será a sua forma. Somente se exibir forma válida, o argumento dedutivo pode ser considerado válido; caso contrário, não válido.

Assim, embora possa parecer contraditório, é admissível, do ponto de vista da lógica formal, que um debatedor racional afirme sobre o discurso de um adversário: "Embora seu argumento seja válido, as afirmações que fez são deslavadas mentiras".[4]

Nesse sentido, é tecnicamente impróprio nos referirmos a "argumentos falsos" ou "argumentos verdadeiros", ainda que essa seja a maneira habitual de nos expressarmos. Pois verdade e falsidade são qualidades que devemos atribuir apenas a afirmações e enunciados, quer estes funcionem como premissas, quer como conclusão. Ao qualificarmos argumentos, nós nos expressaremos mais adequadamente se dissermos que são válidos ou não válidos; ou, em outras palavras, corretos ou incorretos, legítimos ou ilegítimos.

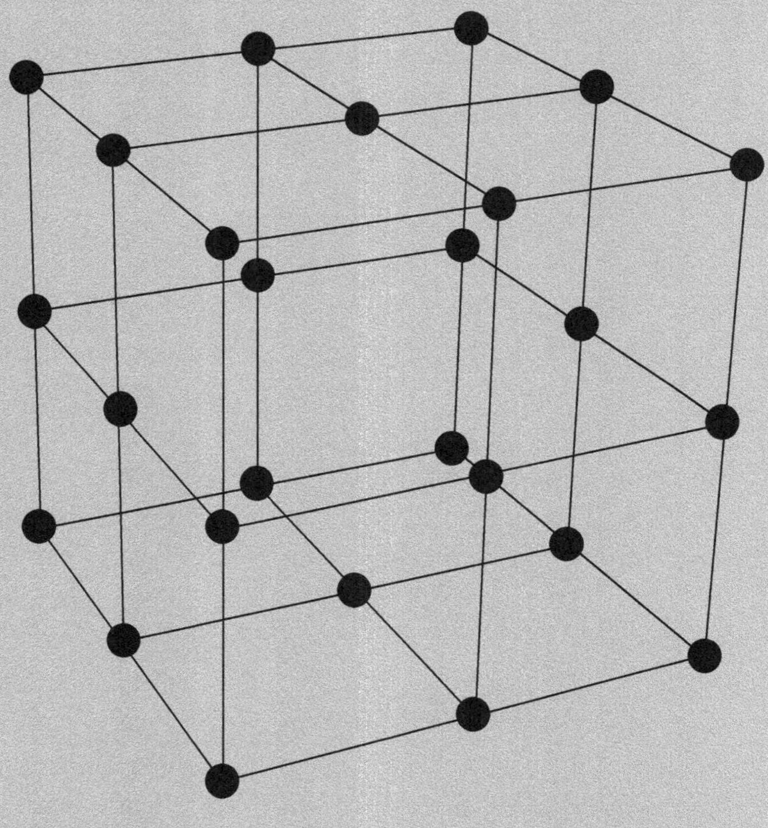

8 Prova

Existem argumentos que só aparentemente são válidos. Podemos provar que estão construídos numa forma não válida, em dois passos:

Primeiro passo: colocamos a forma do argumento analisado em evidência, substituindo seus termos por letras.

Segundo passo: construímos um contra-exemplo do argumento sob análise, isto é, outro argumento que exiba exatamente a *mesma forma* do argumento que está sendo analisado, de modo que neste contra-exemplo possamos aceitar suas premissas como verdadeiras e sua conclusão como falsa *sem com isso cairmos em contradição.*

Vejamos como isso funciona, retomando o exemplo.

> *Todos os metais são passíveis de fusão.*
> *Todos os metais são minérios.*
> ∴ *Todos os minérios são passíveis de fusão.*

Embora os enunciados deste argumento sejam verdadeiros,

estamos diante de um argumento não válido. Façamos a prova.

Primeiro passo: substituímos as classes "metais", "objetos passíveis de fusão" e "minérios" pelas letras "M", "O" e "R", obtendo então a seguinte forma:

Todos os M são O.
Todos os M são R.
∴ *Todos os R são O.*

Segundo passo: substituímos as classes presentes na forma do argumento que queremos testar pelas classes "ouro", "objetos raros" e "metal", obtendo o seguinte contra-exemplo:

Todo ouro é raro.
Todo ouro é metal.
∴ *Todo metal é raro.*

Como se pode verificar, neste contra-exemplo podemos admitir, *sem nos contradizermos*, a verdade das premissas (*Todo ouro é raro* e *Todo ouro é metal*) e a falsidade da conclusão (*Todo metal é raro*). Isto é possível porque a *forma* não nos obriga a afirmar a verdade da conclusão *a partir* da verdade das premissas. (Obrigaria, se esta forma fosse configurada de tal modo que a informação contida na conclusão já se encontrasse embutida nas premissas). Portanto, trata-se de um argumento não válido.

Demonstração de validade

O método da inclusão, exclusão ou intersecção de classes da Teoria dos Conjuntos é eficaz para se demonstrar a validade de silogismos. Este método pode ser empregado com o auxílio dos chamados círculos de Euler, como mostrado abaixo. Verifiquemos a validade de um silogismo em *barbara*:

> *Todo homem é mortal; Sócrates é homem; logo, Sócrates é mortal.*
>
> *Sua forma é: M é T; t é M; t é T*

Fig. 1

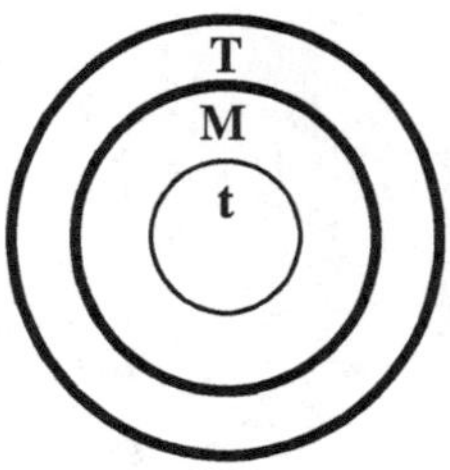

Fig. 2

Fig. 3

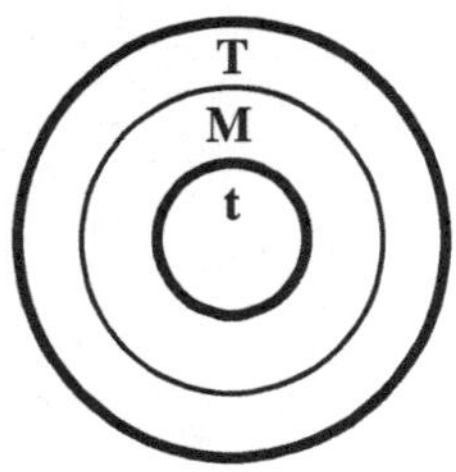

A figura 1 mostra que a classe dos objetos "M" está incluída na classe dos objetos "T"; a figura 2 mostra que a classe dos "t" está incluída na classe dos "M". Infere-se daí, validamente, que a classe dos objetos "t" está incluída na classe dos "T". É o que a figura 3 mostra. A relação de inferência é dita válida porque a configuração das figuras 1 e 2 embutem, em conjunto, a configuração da figura 3.

Nos próximos três capítulos, apresentaremos cinco formas válidas de argumentos dedutivos.

9 Uma invenção grega

Dentre as muitas invenções atribuídas ao gênio dos pensadores gregos antigos, a forma de argumento denominada *silogismo* foi sem dúvida uma das que mais influenciaram na formação da cultura científica do Ocidente.

O que é silogismo?

Silogismo é uma forma de argumento dedutivo por meio do qual, partindo de dois enunciados denominados "premissas" inferimos um terceiro enunciado chamado "conclusão". Traçaremos neste capítulo e no seguinte os perfis de três espécies de silogismos: *silogismo categórico, silogismo hipotético* e *silogismo disjuntivo.*

Silogismo categórico

Silogismo categórico é uma forma de argumento construída com três enunciados e três termos, nem mais nem menos;

dois destes enunciados, funcionando como premissas, unem o termo 1 e o termo 2 a um termo 3; e o outro enunciado, funcionando como conclusão, une os termos 1 e 2 entre si. Ele se chama categórico por ser formado apenas por enunciados categóricos de forma típica.

Exemplo:

Todo mamífero é animal.	*(Enunciado-premissa)*
Algum cachorro é mamífero.	*(Enunciado-premissa)*
∴ Algum cachorro é animal.	*(Enunciado-conclusão)*

"Mamífero", "animal' e "cachorro" *(Termos)*

Observe: cada um dos três termos que compõem este silogismo ocorre duas vezes no argumento e desempenha, no enunciado em que ocorre, função ou de *sujeito (S)* ou de *predicado (P)*. Para o objetivo que nos propusemos neste livro – fornecer regras básicas para a identificação ou construção de argumentos válidos – não precisamos nos aprofundar no estudo dos termos[5].

Mas duas breves observações são necessárias.

Primeira: a palavra "termo" não é empregada aqui com o significado de vocábulo. "Termo", na lógica silogística que estamos focalizando, refere-se a elementos que podem ser representados tanto por um único vocábulo como por uma expressão complexa. Por exemplo, no enunciado "Todo mamífero é animal", um único vocábulo representa um dos termos do enunciado: "mamífero" (termo-sujeito) e "animal" (termo-predicado); já no enunciado "A velhinha de Taubaté é uma personagem de Luís Fernando Veríssimo", os termos são expressões vocabulares complexas: "A velhinha de Taubaté" (termo-sujeito) é "uma personagem de Luís Fernando Veríssimo" (termo-predicado). É como em uma equação matemática: em cada lado do sinal de igualdade podem existir termos compostos de um único número ou de vários!

Segunda: a partir do nascimento da lógica moderna, os termos sujeito e predicado passam a ser interpretados como representação de classes de objetos – classes que se incluem ou excluem, total ou parcialmente, por meio da sua articulação em enunciados. Consideremos o enunciado "Todo mamífero é animal", exemplificado acima.

Para a lógica antiga, o que deve ser destacado neste enunciado é o fenômeno da predicação, ou seja, o fato de a todos os indivíduos definidos como "mamíferos" estar sendo atribuído o predicado ou a qualidade de "ser animal". Tal atribuição pressupõe uma definição criteriosa dos termos empregados no enunciado.

Já a lógica moderna interpreta o enunciado acima apenas como um modo de operar a inclusão (que neste caso é total) da "classe dos mamíferos" no interior da "classe dos animais". Portanto, a ela não interessa estabelecer a qualidade ou definição do conteúdo dos termos; destes, interessa a ela apenas explicitar a quantidade ou extensão. De fato, seja de inclusão ou seja de exclusão a relação entre as classes de objetos num enunciado, a lógica moderna irá salientar apenas o número de objetos referidos pelos termos: *todos* ou *alguns*.

Denomina-se *termo médio (M)* o termo que ocorre somente nas premissas. Ele funciona como elo entre os dois outros termos: *termo maior (T)* e *termo menor (t)*.

O chamado *termo maior* (no nosso exemplo, "animal") desempenha a função de predicado no enunciado-conclusão; e o *termo menor* (no nosso exemplo, "cachorro") desempenha a função de sujeito no referido enunciado-conclusão.

O termo-predicado da conclusão é chamado *termo maior*, porque, com frequência tem extensão maior que o termo-sujeito. De fato, em nosso exemplo, a classe dos "cachorros", que funciona como termo-sujeito da conclusão, está totalmente incluída na classe dos "animais", que figura como termo-predicado. Ou seja, a "classe dos animais" – maior, mais extensa do que a "classe dos cachorros" – contém, além desta, inúmeras outras subclasses de animais: a dos homens, das borboletas, dos jacarés etc.

Se o enunciado-conclusão for negativo, seu termo predicado não é maior do que o seu termo sujeito; mas também não é menor. E, como não pode ser termo médio (que deve figurar apenas nas premissas), é classificado como maior.

Os termos menor e maior, chamados também de *termos extremos*, relacionam-se indiretamente nas premissas por meio do termo médio, e unem-se na conclusão do silogismo.[6] E emprestam suas quantidades às premissas em que ocorrem. Por isso, a premissa em que ocorre o *termo maior* é chamada *premissa maior*; e aquela em que ocorre o *termo menor* é chamada *premissa menor*.

Enunciados categóricos

São quatro os tipos de enunciados categóricos. A seguir, exemplos destes enunciados, antecedidos das letras que os simbolizam:

> *A – Todo coqueiro é vegetal.*
> *E – Nenhum coqueiro é vegetal.*
> *I – Algum coqueiro é vegetal.*
> *O – Algum coqueiro não é vegetal.*

A e **I** simbolizam enunciados *afirmativos* (consta que as letras *A* e *I* foram derivadas da palavra latina <u>**A**</u> *f f* <u>**I**</u> *r m o*); e **E** e **O** simbolizam enunciados negativos (as letras *E* e *O* teriam origem na palavra latina n <u>E</u> g <u>O</u>). **A** e **E** representam enunciados *universais;* **I** e **O**, enunciados *particulares.*

Com as letras *S* (de sujeito) e *P* (de predicado), construímos assim as formas dos enunciados categóricos:

A – Todo S é P. Universal afirmativa	*E – Nenhum S é P.* Universal negativa
I – Algum S é P. Particular afirmativa	*O – Algum S não é P.* Particular negativa

O que temos acima, vale relembrar, não são enunciados categóricos; são *formas* de enunciados categóricos. Estas formas configuram relações definidas entre duas classes[7] quaisquer de objetos. E são constituídas de quatro partes: 1) quantificador (*todo* ou *algum*); 2) termo-sujeito; 3) termo-predicado; e 4) *cópula,* elemento de ligação dos termos. Note que cada forma de enunciado categórico possui dois elementos fixos: o quantificador (*todo* ou *algum*) e a cópula (*é*); e dois elementos variáveis: *termo-sujeito (S)* e *termo-predicado (P).*

O quantificador *algum* indica que apenas parte dos membros

pertencentes à classe dos objetos designados pelo termo-sujeito do enunciado inclui-se na classe dos objetos designados pelo termo-predicado. "Parte", no caso, significa que a quantidade de membros da referida classe é igual ou maior que um, ou seja, a classe não é vazia. De qualquer modo, o termo-sujeito antecedido do *algum* compreende uma parte (pelo menos um) e não a totalidade dos membros da classe de objetos a que se refere.

O quantificador *todo* indica que a totalidade dos membros pertencentes à classe de objetos designada pelo termo-sujeito inclui-se na classe de objetos designada pelo termo-predicado. E o quantificador *nenhum* indica, negativamente, que nenhum dos membros da classe designada pelo termo-sujeito pode ser incluído na classe designada pelo termo-predicado. Os enunciados iniciados com tais quantificadores são chamados *universais*.

Há dois tipos de enunciados universais: o *enunciado apenas universal*, que afirma ou nega algo sobre uma classe de objetos considerada exclusivamente como um coletivo. Ou seja, ao afirmarmos que "O Parlamento é importante para o Brasil" não estamos afirmando que "cada parlamentar que o compõe" também o seja. E o *enunciado universal-distributivo*, que, ao afirmar ou negar algo sobre a classe de objetos designada pelo seu termo-sujeito, distribui a afirmação ou a negação para cada um dos membros que compõem a totalidade desta classe. Por exemplo, ao afirmar que "Todo brasileiro tem direto à educação", afirma também que cada um dos brasileiros, individualmente considerados, possui esse direito.

A classe de objetos designada pelo termo-predicado de um enunciado categórico afirmativo é tomada sempre parcialmente. De fato, no enunciado "Todo mamífero é animal" subentende-se a presença do termo quantificador *algum* antes do predicado *animal*. Isso quer dizer que toda a classe dos mamíferos constitui apenas parte da classe dos animais, ou seja, não preenche toda a extensão desta classe. Pois, além da subclasse dos mamíferos, a classe dos animais abriga também outras subclasses de animais, animais não mamíferos, como, por exemplo, a subclasse dos pássaros.

Para obtermos enunciados, substituímos as letras que constituem a forma do enunciado por *termos* que signifiquem classes reais de objetos. Por exemplo, substituindo as letras *S* e *P*, respectivamente, pelos termos "metal" e "minério", obtemos os seguintes enunciados categóricos: *Todos os metais são minérios*; *Nenhum metal é minério*; *Alguns metais são minérios*; e *Alguns metais não são minérios*.

Outras escritas

Nem sempre a cópula "é" está explicitada, como ocorre em "Sócrates é filósofo". Na maior parte dos enunciados categóricos, a cópula (isto é, o elemento de união do sujeito com o predicado) apresenta-se sob a forma de verbos transitivos ou intransitivos, que podem ser traduzidos para a forma-padrão. Por exemplo: o enunciado "Sócrates pensa" pode ser traduzido para "Sócrates é um ser pensante"; e este outro: "O professor ajuda o aluno", para "O professor é alguém que ajuda o aluno". (Neste caso, como se nota, temos um predicado-expressão e não um predicado-vocábulo único).

Em um uso espontâneo da linguagem, os enunciados categóricos podem apresentar-se de muitas outras maneiras. Particularmente, o elemento quantificador (*todo, algum*) nem sempre é explicitado. Dizemos "O homem esteve nesta ilha" e não, como seria logicamente mais preciso, "Algum homem esteve nesta ilha". Do mesmo modo, dizemos "O peixe vive na água" e não "Todo peixe vive na água", embora neste caso nossa intenção seja nos referirmos a um comportamento de todos os membros da classe designada pelo termo "peixe".

Estas são quantificações, por assim dizer, descuidadas. Mas há também quantificações feitas por preconceito ou por interesse. Por exemplo, quando um cidadão afirma "Todos roubam", com o propósito de estabelecer regra geral que justifique a própria desonestidade; ou quando a criança consumista chantageia os pais: "Todo mundo tem, só eu que não tenho".

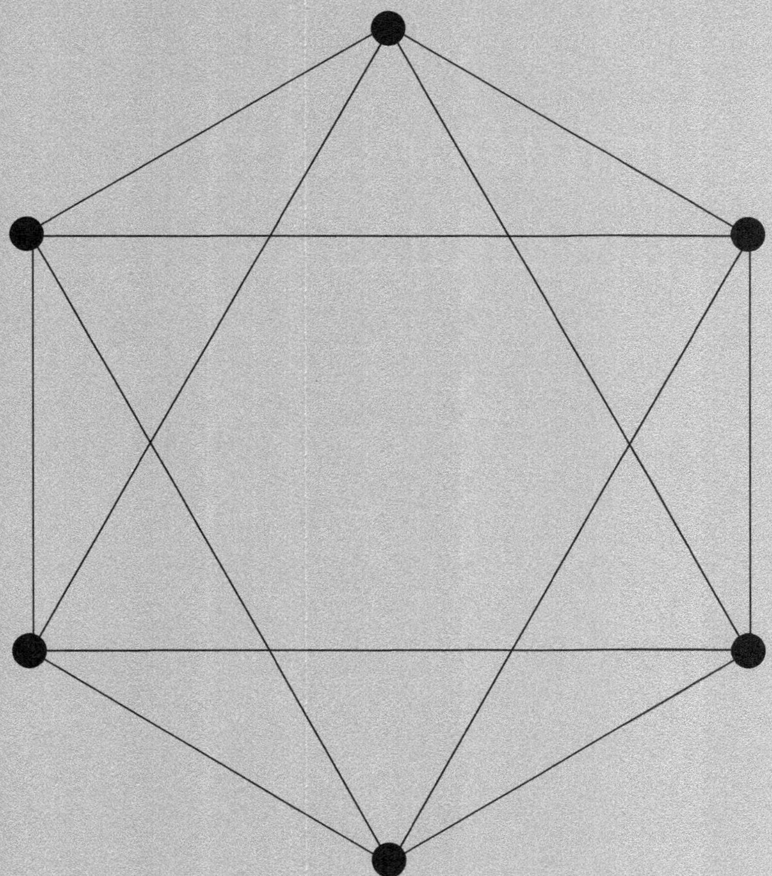

10 Inferências imediatas

Diferentemente das inferências silogísticas, que são *mediatas*, por serem feitas por meio de duas premissas encadeadas, as inferências *imediatas* recebem este nome porque são feitas a partir de uma única premissa.

"Quadrado lógico"

Dispondo os quatro enunciados categóricos, para que ocupassem os quatro cantos de um quadrado imaginário, os lógicos antigos traçaram um esquema de oposições e o chamaram de "quadrado lógico". Este põe em evidência quatro tipos de relações lógicas: a) relação de *contradição*, resultante da oposição entre os enunciados *A* e *O*, e *E* e *I*; b) a relação de *contrariedade*, que vem da oposição entre *A* e *E*; c) a relação de *subcontrariedade*, derivada da oposição entre *I* e *O*; e d) a relação de *subalternação*, que resulta da comparação entre *A* e *I* e *E* e *O*.

"QUADRADO LÓGICO"

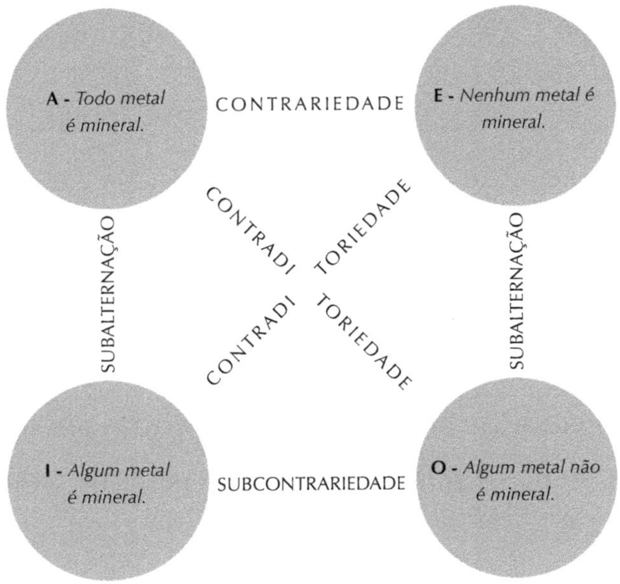

A partir do "quadrado lógico", podemos fazer uma série de inferências imediatas. Ei-las:

Contradição

Da verdade de *A*, inferimos a falsidade de *O*, ou seja, afirmar que é verdade que "Todos os metais são minérios" implica afirmar que é falso que "Algum metal não é minério" e vice-versa; da verdade de *E*, inferimos a falsidade de *I*, isto é, afirmar que é verdade que "Nenhum metal é minério" implica afirmar que é falso que "Algum metal é minério" e vice-versa. Em outras palavras, as oposições *A–O* e *E–I* geram *relações de contraditoriedade*: se *A* é verdadeiro, *O* é necessariamente falso, e vice-versa; se *E* é verdadeiro, *I* é necessariamente falso, e vice-versa.

Contrariedade

Da verdade de *A*, inferimos a falsidade de *E*, ou seja, afirmar que é verdade que "Todo metal é minério" implica afirmar que é falso que "Nenhum metal é minério". Mas o inverso não é verdadeiro: a falsidade de *E* não implica a verdade de *A*, já que se pode admitir a falsidade de ambos os enunciados. Dizendo de outro modo: se *A* é verdadeiro, *E* é necessariamente falso; se *A* é falso, *E* pode ser verdadeiro ou falso, e vice-versa. Portanto, não devemos confundir: *A* e *E* são enunciados contrários, não contraditórios.

Subcontrariedade

Da verdade de *I*, podemos inferir tanto a falsidade como a verdade de *O*, ou seja, ao afirmarmos que é verdade que "Algum metal é minério" ficamos livres para afirmar tanto a falsidade como a verdade do enunciado "Algum metal não é minério". Mas, da falsidade de *I*, inferimos, necessariamente, a verdade de *O*. Em resumo, opondo dois enunciados subcontrários, estabelecemos uma *relação de subcontrariedade*, em que estes enunciados podem ser ambos verdadeiros, um verdadeiro e o outro falso, e vice-versa; só não podem ser ambos falsos.

Subalternação

Da verdade de *A*, inferimos a verdade de *I*; mas da verdade de *I*, inferimos a verdade ou falsidade de *A*. Da falsidade de *A*, inferimos a falsidade ou verdade de *I*; mas da falsidade de *I*, inferimos a falsidade de *A*.

Outras inferências imediatas

Além das inferências do "quadrado lógico", temos outras formas de inferências imediatas, nas modalidades de *conversão*, *obversão* e *contraposição*. Estas são feitas a partir de alguns tipos de enunciados categóricos. Conheça, a seguir, um esquema destas inferências, construído com base nas lições de Copi.

Conversão

De um enunciado-premissa chamado convertente, inferimos um enunciado-conclusão chamado convertido, mediante inversão dos termos sujeito e predicado do convertente.
O enunciado *O* não admite conversão; o enunciado *A* admite conversão por limitação, isto é, o predicado do convertido é

particularizado, invertendo-se assim a quantidade em que o sujeito do convertente é dado.

Convertente (premissa)	*Convertido (conclusão)*
A - Todo S é P	*I - Algum P é S*
Todo diamante é duro.	*Alguma coisa dura é diamante.* (por limitação)
E - Nenhum S é P	*E - Nenhum P é S*
Nenhum diamante é duro.	*Nenhuma coisa dura é diamante.*
I - Algum S é P	*I - Algum P é S*
Algum diamante é duro.	*Alguma coisa dura é diamante.*

Obversão

De um enunciado-premissa chamado *obvertente*, inferimos um enunciado-conclusão chamado *obverso*, mediante alteração da qualidade do obvertente e substituição do seu termo-predicado pelo respectivo termo-complemento.

Obvertente (premissa)	*Obversa (conclusão)*
A - Todo S é P	*E - Nenhum S é não-P*
Todo diamante é duro.	*Nenhum diamante é não duro*
E – Nenhum S é P	*A – Todo S é não-P*
Nenhum diamante é duro.	*Todo diamante é não duro.*

I – Algum S é P *Algum diamante é duro.*	*O – Algum S não é não-P* *Algum diamante não é não duro.*
O – Algum S não é P *Algum diamante não é duro.*	*I – Algum S é não-P* *Algum diamante é não duro*

Contraposição

De um enunciado-premissa chamado *contraponente*, inferimos um enunciado-conclusão chamado *contrapositivo*, mediante substituição do sujeito do contraponente pelo termo-complemento do predicado; e substituição do termo-predicado pelo complemento do termo-sujeito. Os enunciados contrapositivos de *A* e *O* são plenamente válidos; o de *E* é válido, por limitação; e o de *I* é absolutamente não válido.

Contraponente (premissa)	*Contrapositivo (conclusão)*
A – Todo S é P *Todo diamante é duro.*	*A – Todo não-P é não-S* *Toda coisa não dura é não diamante.*
O – Algum S não é P	*O – Algum não-P não é não-S*
Algum diamante não é duro.	*Alguma coisa não dura não é não diamante.*
E - Nenhum S é P O *Nenhum diamante é duro.*	*Algum não-P não é não-S* *Alguma coisa não dura é não diamante.* *(por limitação)*

Modos e figuras do silogismo categórico

O *modo* de um silogismo categórico é determinado pelos tipos de enunciados categóricos que o compõem. Analisemos o nosso exemplo:

Todo mamífero é animal.
Algum cavalo é mamífero.
∴ Algum cavalo é animal.

Ao colocar em evidência a forma deste argumento, levando em conta apenas os tipos de enunciados categóricos que o compõem, obtemos o seguinte modo de silogismo:

A (Todo mamífero é animal.)
I (Algum cavalo é mamífero.)
I (Algum cavalo é animal.)

Esta forma de silogismo, que leva em conta somente o modo dos seus enunciados, gera ambiguidade. Pois este mesmo modo *AII*, construído com os mesmos termos ("mamífero", "animal" e "cavalo"), pode dar origem a uma forma diferente de argumento. Vejamos:

Todo animal é mamífero.	*(A)*
Algum cavalo é mamífero.	*(I)*
∴ Algum cavalo é animal.	*(I)*

Observemos que os tipos e a ordem dos enunciados não mudaram: temos um enunciado universal afirmativo, seguido de dois enunciados particulares afirmativos; *o que mudou foi a posição do termo médio* no argumento. No primeiro exemplo, o termo médio funciona como sujeito na primeira premissa e como predicado na segunda; no segundo exemplo, o mesmo termo médio aparece como predicado em ambas as premissas do argumento. É uma grande mudança: *no primeiro caso, o modo* AII *constitui uma forma válida; no segundo, uma forma não válida.*

Por isso, devemos levar em conta também a posição do termo médio nas premissas, e não apenas os tipos de enunciados que o compõem. Em outras palavras, para dar a forma completa de um silogismo devemos descrever tanto o seu modo como a sua figura, que é dada pela posição do termo-médio no argumento.

Como são quatro as posições possíveis que o termo médio pode ocupar nas duas premissas, são quatro as figuras do silogismo. Vejamos cada uma destas figuras.

1ª figura *(sub-prae)*: o termo médio é sujeito na premissa maior e predicado na menor.

> Ex: *Todo mamífero é animal.*
> *Todo cavalo é mamífero.*
> ∴ *Todo cavalo é animal.*

2ª figura *(prae-prae)*: o termo médio é predicado nas duas premissas.

Ex: *Todo cavalo é mamífero.*
Todo tubarão não é mamífero.
∴ *Todo tubarão não é cavalo.*

3ª figura *(sub-sub)*: o termo médio é sujeito em ambas as premissas.

Ex: *Todo mamífero é frágil na infância.*
Algum mamífero é humano.
∴ *Algum humano é frágil na infância.*

4ª figura *(prae-sub)*: o termo médio é predicado na premissa maior e sujeito na segunda.

Ex: *Algum animal é mamífero.*
Todo mamífero é dependente dos pais.
∴ *Algum ser dependente dos pais é animal.*

Pela notação de Copi, nosso primeiro exemplo é o de um silogismo *AII–1*, que se lê assim: *silogismo no modo* AII, *primeira figura*, ou seja, um silogismo composto por um enunciado universal afirmativo e dois enunciados particulares afirmativos, no qual o termo médio figura como sujeito da premissa maior e predicado da menor; o segundo exemplo é de um silogismo AII–2, que se lê: *silogismo no modo* AII, *segunda figura*, onde o termo médio é predicado em ambas as premissas.

Para cada figura do silogismo, existem 64 modos possíveis de arranjar os enunciados que o compõem. O número de figuras é quatro. Logo, é de 256 o número total de modos que o silogismo típico pode assumir. Mas, de todos estes modos, apenas 19 são válidos[8]. Quais? Aqueles que se conformam à regra de validade de todos os argumentos dedutivos, que diz: se as premissas forem verdadeiras, a conclusão deverá ser necessariamente verdadeira.

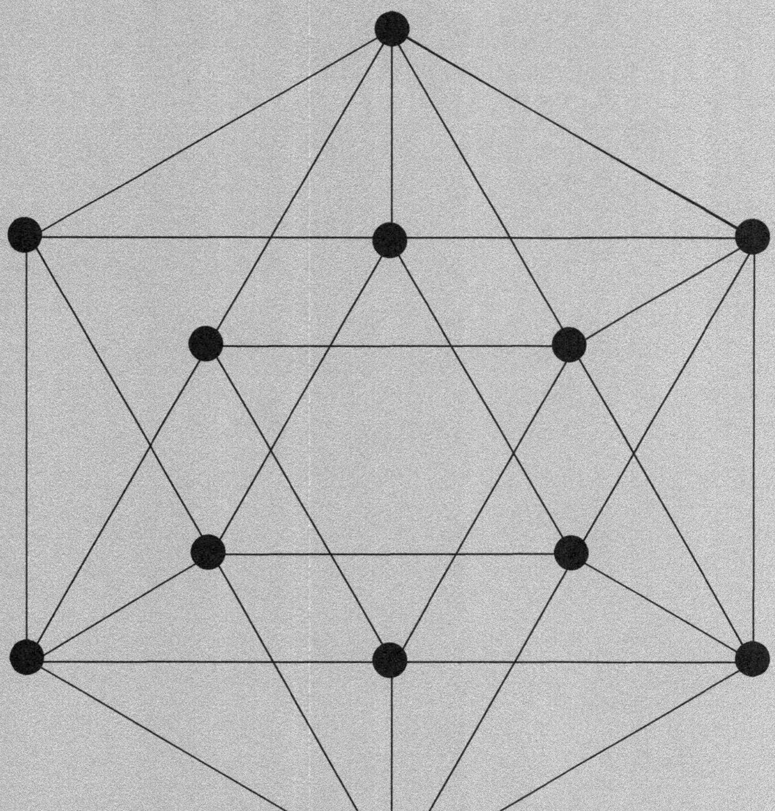

11 Regras de validade

Para facilitar o trabalho de verificar a validade de um silogismo, os lógicos propõem a observância de algumas regras específicas. Eis as seis regras relacionadas por Copi[9]:

Regra 1 – Um silogismo categórico válido deve conter exatamente três termos, cada um dos quais usado no mesmo sentido durante todo o raciocínio ou argumento.

Violação da regra[10]:

O touro muge.
O touro é uma constelação.
∴ *Uma constelação muge.*

(Sob o vocábulo "touro", abrigam-se dois termos: um refere-se a animal; o outro, a corpos celestes. Portanto, apresentando de fato quatro termos, o silogismo viola a regra dos três termos).

Regra 2 – Num silogismo categórico válido de forma típica, o termo médio deve estar distribuído em, pelo menos, uma das premissas.

Violação:

Toda planta é viva.
Todo animal é vivo.
∴ *Todo animal é planta.*

(As duas premissas afirmam que a classe dos seres vivos contém a classe das plantas e a classe dos animais. Mas não autorizam a inferir que a classe das plantas contém a dos animais.)

Regra 3 – Num silogismo categórico válido de forma típica não pode haver na conclusão qualquer termo distribuído que não esteja também distribuído nas premissas.

Violação:

Tudo o que pensa existe.
Nenhum corpo pensa.
∴ *Nenhum corpo existe.*

(Relembremos: o termo de um enunciado está distribuído se este enunciado afirma algo acerca de cada um e de todos os elementos da classe que este termo designa. O predicado de todo enunciado afirmativo nunca está distribuído. No nosso exemplo, podemos reescrever o enunciado-conclusão assim: "Todo corpo não é algo existente". Feito isso, verificamos que um destes termos (o termo "existente", predicado da conclusão) não está distribuído na premissa maior, em que figura também como predicado. Isso quer dizer que, partindo de uma afirmação que implica apenas parte dos membros da classe dos "existentes", fazemos, indevidamente, a título de conclusão, uma afirmação sobre a totalidade desses mesmos membros. Ou seja, invertemos o movimento da inferência dedutiva que é mover-se do mais geral para o menos geral.)

Regra 4 – Nenhum silogismo categórico de forma típica que tenha duas premissas negativas é válido.

Violação:

Os poderosos não são misericordiosos.
Os pobres não são poderosos.
∴ *Os pobres são misericordiosos.*

(Ao excluir a classe dos "pobres" da classe dos "poderosos", ficamos desobrigados de qualificá-los como necessariamente "não misericordiosos". Mas ficamos igualmente desobrigados de qualificá-los como "misericordiosos". Ou seja, dadas estas premissas, a conclusão pode ser tanto verdadeira como falsa).

Regra 5 – Se uma ou outra das premissas de um silogismo categórico válido de forma típica é negativa, a conclusão deve ser negativa.

Violação:

Nenhuma coisa humana pode ser inteiramente perfeita.
O regime social é coisa humana.
∴ O regime social pode ser inteiramente perfeito.

(A afirmação de que a classe "regime social" está contida na classe dos entes "inteiramente perfeitos" só pode ser verdadeira com base na afirmação de que a classe "coisa humana" está incluída na classe dos entes "inteiramente perfeitos". Ora, a premissa maior nega esta inclusão. Portanto, a conclusão deveria negá-la também, o que não ocorre).

Regra 6 – Nenhum silogismo categórico válido de forma típica, com uma conclusão particular, pode ter duas premissas universais.

Violação:

Todos os animais de estimação são domésticos.
Nenhum unicórnio é animal doméstico.
∴ Alguns unicórnios não são animais de estimação.

(As duas premissas são universais. Nenhum enunciado universal afirma a existência de algo. No caso, de premissas universais está sendo inferida incorretamente a existência de algo: "Alguns unicórnios").

Modos válidos

Como visto acima, o universo de todos os silogismos categóricos possíveis é composto por 256 modos. Submetendo todos estes silogismos às regras que acabamos de enunciar, verificaremos que somente 19 modos podem ser considerados válidos. Todos os restantes infringem uma ou outra regra. A tabela abaixo pode nos ajudar a memorizar estes modos.

MODOS VÁLIDOS DOS SILOGISMOS CATEGÓRICOS			
1ª Figura	**2ª Figura**	**3ª Figura**	**4ª Figura**
AAA – 1	EAE – 2	AAI – 3	AAI – 4
EAE – 1	AEE – 2	EAO – 3	AEE – 4
AII – 1	EIO – 2	IAI – 3	IAI – 4
EIO – 1	AOO – 2	AII – 3	EAO – 4
		OAO – 3	EIO – 4
		EIO – 3	

12 Pensando com hipóteses

Das formas de raciocínio que se conhecem, a que se baseia na criação de hipóteses talvez seja a que mais dignifique a inteligência humana. Esta forma serve tanto aos propósitos teóricos dos grandes pensadores, cientistas e escritores em geral como às necessidades práticas do homem comum em seu dia a dia.

Os lógicos do passado estudaram três tipos de raciocínios hipotéticos: o *silogismo condicional*, o *silogismo disjuntivo* e o *silogismo conjuntivo*. Apresentaremos os dois primeiros, de uso mais frequente.

Silogismos condicionais

O silogismo condicional apresenta dois modos válidos: o *modo da afirmação do antecedente* (também chamado de *"modus ponens"*) e o *modo da negação do consequente* (também chamado de *"modus tollens"*). Estes modos são formados por três enunciados, nesta ordem: um enunciado condicional-premissa, um enunciado categórico-premissa e um enunciado categórico-conclusão.

Antes de prosseguirmos, é preciso dizer duas palavras sobre o importante *enunciado condicional* que o caracteriza.

Enunciado condicional

Exemplo: "Se o homem observa, então ele aprende."

O enunciado condicional é um *enunciado composto,* formado por dois enunciados simples, que se ligam por meio da expressão "Se...então...". Esta expressão conectiva estabelece um nexo possível entre dois fatos ou situações, que podem ser reais e objetivos, como quando dizemos: "Se a temperatura ultrapassar os 100° C ao nível do mar, então a água entrará em ebulição"; ou totalmente subjetivos, como quando uma criança afirma em seus jogos: "Se você chegar por último, então você é um bobo".

Voltemos ao exemplo acima. O enunciado que vem depois da conjunção condicional *se* ("*...o homem observa*") é denominado *antecedente*; e o que vem depois do advérbio de tempo *então* ("*...ele aprende*"), recebe o nome de *consequente*.

Substituindo o enunciado-antecedente pela letra *p* e o enunciado-consequente pela letra *q*, obtemos a forma de todo enunciado condicional:

> *"Se p, então q."*

Vamos repetir: "Se p, então q" não é enunciado condicional. É esquema, *forma,* de enunciado condicional. Enunciados condicionais são produzidos quando substituímos as letras "p" e "q" por enunciados categóricos simples. Exemplo: substituindo *p* por *"digito delete"* e *q* por *"apago o texto"*, obtenho:

> *"Se digito deleto, então apago o texto."*

Por contraposição, constitui forma equivalente de enunciado condicional a seguinte forma:

> *"Se não-q, então não-p"*

> *Exemplo: Se não apago o texto, então não digito delete.*

Outras escritas

Enunciados condicionais podem ser escritos de diversos modos. Por exemplo:

> *A menos que você se prepare, o mercado de trabalho não o aceitará.*

Salvo se você acordar cedo, você não assistirá ao jogo.

Fazendo o curso de lógica, você adquire uma ótima ferramenta para o seu trabalho.

Todos podem ser reescritos na forma padrão "Se...então".

Vejamos:

Se você não se preparar, então o mercado de trabalho não o aceitará.

Se você não acordar cedo, então não assistirá ao jogo.

Se você faz o curso de lógica, então você adquire uma ótima ferramenta para o seu trabalho.

Modo da afirmação do antecedente (*modus ponens*)

Um exemplo:

Se o homem observa, então ele aprende.
O homem observa.
∴ *O homem aprende.*

O movimento de inferência que rege este argumento é o seguinte: na primeira premissa, assumimos ser verdade que

"Se o aluno estuda, então ele aprende"; afirmamos (*modo da afirmação*), na segunda premissa, ser verdade que "o aluno estuda"; por fim, é evidente: ao afirmarmos, na segunda premissa, o antecedente do enunciado condicional, estamos afirmando não uma hipótese mas o fato de que o "aluno estuda"; e, necessariamente, temos que afirmar também o fato consequente: "o aluno aprende". Portanto, *concluir*, a partir destas premissas, é *explicitar* o enunciado-consequente do silogismo condicional válido, cuja forma é:

Se p, então q
p
$\therefore$ *q*

Convém reiterar: o que temos acima não é um argumento, é um esquema, uma *forma* de argumento dedutivo condicional válido. Portanto, *p* e *q* não são enunciados, são letras que indicam, neste esquema, também chamado *modus ponens*, o lugar a ser ocupado por possíveis enunciados de situações reais. Para obtermos um argumento, temos que substituir *p* e *q* por enunciados categóricos simples reais, observando que um mesmo enunciado deve substituir sempre uma mesma letra do esquema em suas ocorrências.

Vejamos mais um exemplo:

Se o juiz apitasse bem, então o meu time venceria.

O juiz apitou bem.

∴ O meu time venceu.

Modo da negação do consequente (*modus tollens*)

Um exemplo:

Se os governantes são competentes, então a miséria diminui.

A miséria não diminui.

∴ Os governantes não são competentes.

Começamos este argumento enunciando, na primeira premissa, a hipótese segundo a qual "Se os governantes são honestos, então a miséria diminui"; em seguida, numa segunda premissa, negamos a ocorrência do fato referido pelo consequente do enunciado: "A miséria não diminui". Ora, ao negar a ocorrência do fato de que "A miséria diminui", estamos inferindo implicitamente a negação de que "Os governantes são honestos". (Pois, se fossem honestos, a miséria diminuiria, o que foi negado pela segunda premissa!). Portanto, enunciar, neste contexto, que "Os governantes não são honestos" é apenas *explicitar* a conclusão do argumento, já embutida nas premissas. A forma do *modus tollens* é:

Se p, então q
Não-q
∴ Não-p

Uma variação desta forma é:

Se p, então não-q
q
∴ Não-p

Vejamos um exemplo desta variação:

Se a violência diminuísse, então não haveria fuga dos moradores da cidade.
Houve fuga dos moradores da cidade.
∴ A violência não diminuiu.

Falácias *tollens* e *ponens*

Denomina-se falácia todo argumento de forma não válida. Em particular, duas destas falácias – falácia *tollens* e falácia *ponens* – devem ser colocadas em destaque. Por uma razão importante: constituem formas que, embora não válidas, são muito parecidas com as formas válidas que levam os mesmos nomes. E, portanto, devemos conhecê-las para evitar que nos induzam a erro.

Na falácia *tollens*, em vez de o argumentador negar,

corretamente, na segunda premissa, o consequente do enunciado condicional, ele nega erroneamente o antecedente; e, em vez de negar, na conclusão, corretamente, o antecedente, ele nega erroneamente o consequente, induzindo o interlocutor à crença de que está diante da forma válida *ponens*. Mas não está.

Exemplo da falácia *tollens*:

Se chover, então haverá energia.
Não choverá.
∴ *Não haverá energia.*

Forma da falácia *tollens*:

Se p, então q
Não-p
∴ *Não-q*

Para provar que esta forma de argumento dedutivo é não válida – uma falácia –, podemos utilizar o método do contra-exemplo, criando nesta forma um argumento cujas premissas sejam verdadeiras e a conclusão possa ser considerada falsa, sem lançar o argumentador em contradição. Eis o argumento:

Se José vai à guerra, então José é corajoso.
José não vai à guerra.
∴ *José não é corajoso.*

Na falácia *ponens*, em vez de o argumentador afirmar, corretamente, na segunda premissa, o antecedente do enunciado condicional, ele afirma o consequente; e, em vez de afirmar, na conclusão, o consequente, ele afirma o antecedente, induzindo o interlocutor à crença de que está diante da forma válida *tollens*.

Exemplo da falácia *ponens*:

> *Se a desconfiança persiste, então a Bolsa de Valores desmorona.*
> *A Bolsa de Valores desmorona.*
> ∴ *A desconfiança persiste.*

Forma da falácia *ponens*:

> *Se p, então q*
> *q*
> ∴ *p*

Também aqui, a criação de um contra-exemplo – argumento cujas premissas sejam verdadeiras e a conclusão possa ser considerada falsa sem contradição – prova o caráter falacioso desta forma de argumento.

Contra-exemplo:

> *Se o meu time ocupa o 1º lugar na tabela de classificação, então ele está entre os oito finalistas.*

Meu time está entre os oito finalistas.

∴ Meu time ocupa o 1º lugar na tabela de classificação.

Silogismo disjuntivo

Silogismo disjuntivo é um argumento dedutivo, cuja premissa maior é um *enunciado disjuntivo*; a premissa menor é um enunciado categórico que afirma (ou nega) um dos disjuntos; e a conclusão é um enunciado categórico que nega (ou afirma) o outro disjunto.

Enunciado disjuntivo

O enunciado disjuntivo é um enunciado composto de dois enunciados simples, chamados *disjuntos*, unidos pelo conectivo "ou".

Exemplo:

"A seleção ganha o jogo OU *a seleção está desclassificada".*

Substituindo o primeiro enunciado disjunto pela letra *p* e o segundo disjunto pela letra *q*, obtemos o esquema de todo enunciado disjuntivo:

p ou q

O conectivo *"ou"* pode ser empregado com um sentido *inclusivo* ou *exclusivo*.

Com sentido inclusivo, o enunciado *"p* ou *q"* é verdadeiro quando um dos seus disjuntos é verdadeiro, e também quando ambos os disjuntos são simultaneamente verdadeiros. A única situação em que o enunciado disjuntivo inclusivo é falso ocorre quando ambos os enunciados disjuntos são falsos.

No sentido exclusivo, os enunciados disjuntos que o conectivo "ou" une receberão sempre valores de verdade contrários: se "*p*" for verdadeiro, "*q*" será falso, e vice-versa.

No silogismo disjuntivo, o conectivo *"ou"* é empregado em sentido exclusivo. Assim, se a segunda premissa do argumento afirma um dos disjuntos da premissa maior, a conclusão nega o outro disjunto, e vice-versa.

Mais uma vez: *esquema* de enunciado não é enunciado. Para obter um enunciado disjuntivo a partir de seu esquema, basta substituir cada letra que o compõe por um enunciado categórico. Dado o esquema "*p* ou *q*", substituímos "*p*" pelo enunciado categórico simples "O Brasil investe em educação" e *"q"* pelo enunciado categórico simples "O Brasil afunda no atraso". O resultado é o enunciado disjuntivo "O Brasil investe em educação ou o Brasil afunda no atraso".

Exemplo de silogismo disjuntivo:

O Brasil investe em educação ou o Brasil afunda no atraso.
O Brasil não investe em educação.
∴ *O Brasil afunda no atraso.*

Dilema

"Estou num dilema." Muitos de nós já usamos esta expressão um dia. Com ela queremos dizer que estamos diante da necessidade de escolher entre duas alternativas. Por exemplo: "Ou dirijo na velocidade permitida ou perderei minha licença". Outro exemplo: "Ou vou esquiar ou vou velejar". (Nem só de alternativas desagradáveis são feitos os dilemas!). Relembremos: *enunciados isolados,* mesmo enunciados compostos como estes, *não constituem argumentos*; por isso, temos que inferir e enunciar outras afirmações que, articuladas com as alternativas postas, venham a constituir o argumento denominado dilema.

Dilema é um argumento formado por quatro enunciados. Os três primeiros desempenham as funções de premissas, e o quarto, a função de conclusão. É uma forma dedutiva válida. Portanto, sua conclusão não poderá ser falsa se as suas premissas forem verdadeiras.

A primeira premissa e a conclusão de um dilema são *enunciados compostos disjuntivos*. A segunda e terceira premissas são enunciados condicionais, conforme definidos anteriormente.

Exemplo de argumento disjuntivo:

> *Ou vou de carro ou vou de ônibus.*
> *Se vou de carro, gasto mais do que posso.*
> *Se vou de ônibus, chegarei atrasado.*
> ∴ *Ou gasto mais do que posso ou chegarei atraso.*

Forma do dilema:

> *Ou p ou q*
> *Se p, então r*
> *Se q, então s*
> ∴ *Ou r ou s*

Uma variação desta forma é o chamado *dilema unicórnio*, assim apelidado porque o protagonista do dilema não está na iminência de cair sobre um dentre dois chifres (ou *isto* ou *aquilo*); mas, de cair sobre um único chifre (*isto*).

Veja na página seguinte o esquema deste argumento e o exemplo correspondente.

Forma do dilema unicórnio:

Ou p ou q

Se p, então r

Se q, então r

$\therefore$ *r*

Exemplo:

Ou contrario minha mãe ou contrario meu pai.

Se contrario minha mãe, fico magoado.

Se contrario meu pai, fico magoado.

$\therefore$ *Fico magoado.*

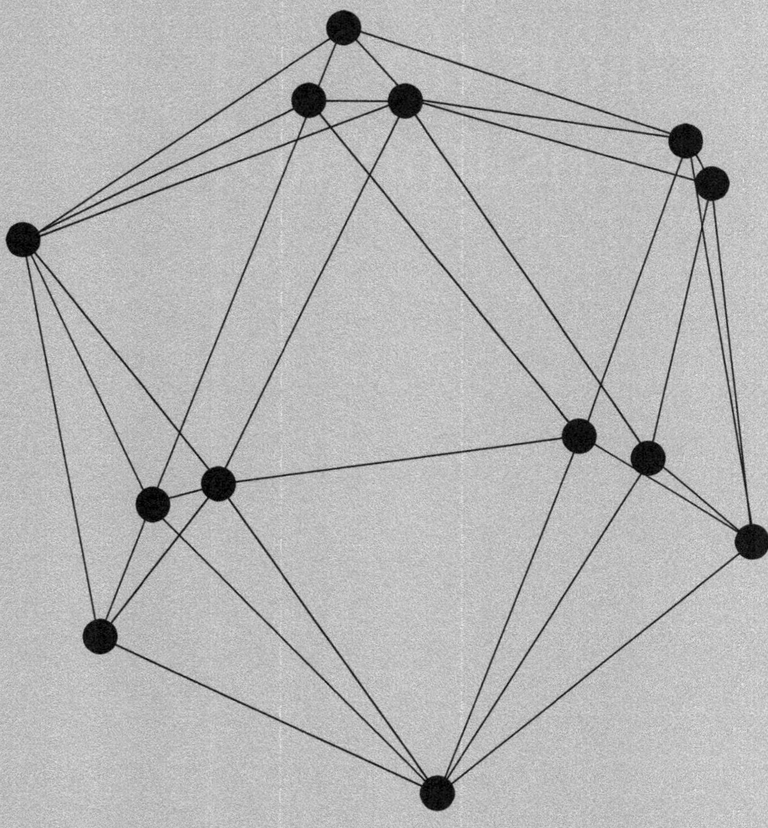

13 “Leis do pensamento”

Em tempos passados, a Lógica já foi definida como "ciência das leis do pensamento". Afirmava-se que ela se erguia sobre os pilares de três leis: 1ª) lei de identidade, que afirma a necessidade de que uma coisa seja sempre igual a si mesma, ou seja, *A* é igual a *A*; 2ª) lei da não contradição: uma coisa não pode ser e não ser ao mesmo tempo, ou seja, é falso que *A* e *não-A* sejam simultaneamente verdadeiros; e 3ª) lei do terceiro excluído: uma coisa só pode ser ou não ser certa coisa, ou seja, só pode ser verdadeira ou falsa, *A* ou *não-A*, um terceiro estado é excluído.

Copi explica que estas três "leis" passaram a integrar a lógica moderna ou simbólica na condição de apenas mais três de uma extensa lista de tautologias com as quais a atual lógica opera. A "lei de identidade" exprime-se na seguinte tautologia moderna: $p \supset p$. Por exemplo: É verdade que "Sócrates é Sócrates". A "lei de não contradição" é expressa por meio da tautologia $\sim(p . \sim p)$: é falso que "Sócrates é Sócrates e Sócrates não é Sócrates". E a "lei do 3º excluído" fundamenta a tautologia $p \vee \sim p$: é verdade que "Sócrates é Sócrates ou Sócrates não é Sócrates". Segundo Copi, não se deve afirmar que estas três "leis" ou tautologias sejam mais importantes do que as demais tautologias que compõem o sistema dedutivo desenvolvido pela lógica moderna.

"Lei" igualmente importante é o denominado "princípio de substituição", proposto pela lógica moderna, autorizando a substituição de determinadas expressões por outras logicamente equivalentes. Por exemplo, a substituição de uma dupla negação por uma afirmação: $(\sim \sim p \equiv p)$, ou seja, *não-não-p* é equivalente a *p*.

A propósito, esta "lei" da dupla negação confirma a "lei do 3º excluído". Senão vejamos. A "lei do 3º excluído" refere-se a um enunciado disjuntivo exclusivo do tipo *p* ou *não-p*, em que a negação de um dos enunciados disjuntos implica a afirmação do outro e vice-versa. Consequentemente, a negação de *não-p*, constituindo uma dupla negação, implica a afirmação de *p*; e a negação de *p* implica a afirmação de *não-p*. O emprego conjunto dessas duas "leis" explica o modo de construção da forma dedutiva denominada "redução ao absurdo" que veremos a seguir.

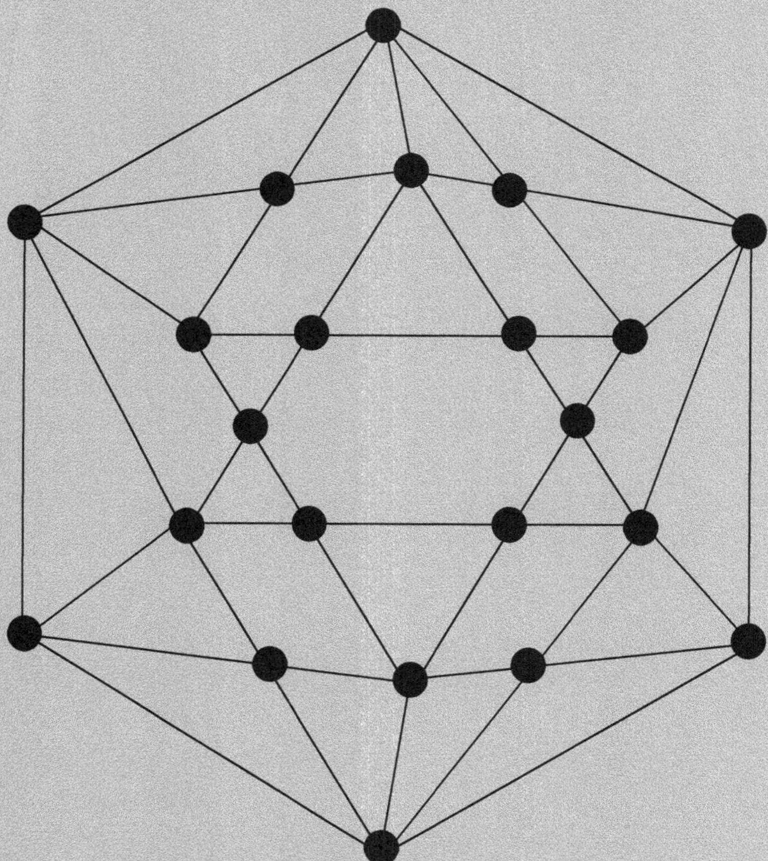

14 Redução ao absurdo

Redução ao absurdo, tradução da palavra latina *reductio ad absurdum,* é o nome de uma forma válida de argumento dedutivo.

Como este argumento funciona?

Queremos provar a verdade do enunciado que afirma que "Todo homem que diz sempre a verdade demonstra bom senso". Para isto, demonstramos que o enunciado que afirma o contrário do que este afirma deve ser negado em razão da consequência absurda que dele podemos inferir. Vejamos.

a) Admitimos que seja verdadeiro o contrário do enunciado acima, que queremos provar. Ou seja, admitimos que seja verdadeiro que "Todo homem que diz sempre a verdade demonstra bom senso".

b) Adicionamos agora, como premissa menor deste argumento, outro enunciado que afirma: "Um médico diz a verdade, ao contar a uma mãe que acaba de sair de um parto de risco que o bebê dela nasceu morto".

c) A conclusão lógica, portanto necessária, será a afirmação de que "Este médico demonstrou bom senso".

Colocado em apresentação-padrão, o argumento é escrito assim:

> *Todo homem que diz sempre a verdade demonstra bom senso.*
> *O médico, ao contar a uma mãe, que acabou de sair de um parto de risco, que o filho dela nasceu morto, disse a verdade.*
> ∴ *Este médico demonstrou bom senso.*

Ora, é evidente que este médico não demonstrou bom senso ao contar o que contou, obrigando-nos a considerar falso o enunciado-conclusão que afirma o contrário desta evidência. Mas dado que o enunciado-conclusão foi obtido mediante uma forma válida de argumento, a que deriva da figura *AAA–1*, a declaração de falsidade desta conclusão nos obriga a considerar falsa pelo menos uma das premissas do argumento. A premissa que afirma que "O médico disse a verdade ao contar para uma mãe que acabou de sair de um parto de risco que o filho dela nasceu morto" não pode ser negada, pois de fato a afirmação é verdadeira, ele contou. Por eliminação, devemos então declarar que é falsa a outra premissa, a que afirma que "Todos que dizem sempre a verdade demonstram bom senso". Ora, ao negar este enunciado-premissa, estamos negando a negação do enunciado original, feita anteriormente a título de estratégia de prova.

Em outras palavras, o argumento que construímos nos colocou, ao final, diante de uma disjunção exclusiva da forma *p* ou *não-p*, onde *p* representa o enunciado "Todo homem que diz sempre a verdade não demonstra bom senso"; e *não-p* representa o enunciado "Todo homem que diz sempre a verdade demonstra bom senso". Aplicando, ao mesmo tempo, as "leis" da dupla negação e do 3º excluído, ao negarmos *não-p*, afirmamos *p*. Ou seja, inferimos ser verdadeiro que "Todo homem que diz sempre a verdade não demonstra bom senso".

Este modo de argumentar pode ser esquematicamente apresentado assim: se queremos demonstrar *p* verdadeiro, assumimos *não-p* verdadeiro. Ambos, *p* e *não-p*, não podem ser verdadeiros ao mesmo tempo ("lei da não contradição"). Logo, temos o enunciado exclusivo: *p* ou *não-p* ("lei do 3º excluído"). Como decidir? Começamos por tomar *não-p* como premissa maior de um argumento dedutivo válido. Adicionamos o enunciado verdadeiro *q* como premissa menor deste argumento e *r* como sua conclusão. O argumento deve apresentar *r* evidentemente falso. Ora, dadas as verdades de *q* e *r*, a falsidade de *não-p* deve ser afirmada. Ou seja, *não-não-p*. Portanto *p*.

15 Argumentos incompletos

Raramente um argumento aparece na linguagem corrente em apresentação-padrão. Com frequência, eles se apresentam incompletos, "defeituosos", com premissas e conclusões embaralhadas. Uma espécie particular de argumento de forma "defeituosa" é o chamado *entimema*.

Entimema

É um argumento silogístico incompleto, cuja parte suprimida fica subentendida. São três os tipos de entimema: De 1ª ordem, quando a parte suprimida é a premissa maior; de 2ª ordem, quando se suprime a premissa menor; e de 3ª ordem, quando é a conclusão a parte faltante e subentendida do argumento. Vejamos alguns exemplos.

<u>Entimema de 1ª ordem:</u>

Todo paulista é brasileiro.
∴ *Todo paulista tem direito à educação.*

Suprime-se aqui a premissa maior "Todo brasileiro tem direito à educação". A forma incompleta do argumento já determina a sua não validade. Mas podemos completá-lo e, em seguida, verificar se é válido ou não válido.

Completando este silogismo:

Todo brasileiro tem direito à educação.
Todo paulista é brasileiro.
∴ *Todo paulista tem direito à educação.*

Coloquemos agora em evidência a sua forma.

Todo B é E
Todo P é B
∴ *Todo P é E*

Como se vê, trata-se de um silogismo AAA–1, isto é, construído no modo AAA da 1ª figura. Portanto, o silogismo é válido. Sua forma não viola nenhuma das regras de validade.

Entimema de 2ª ordem:

Se a seleção precisa de gols, então o artilheiro será convocado.
∴ *A seleção não precisa de gols.*

A premissa menor suprimida "O artilheiro não será convocado" torna o argumento não válido por incompletude.

Completando este silogismo:

"Se a seleção não precisa de gols, então o artilheiro não será convocado".
O artilheiro não será convocado.
∴ A seleção não precisa de gols.

Coloquemos a forma do argumento em evidência. Verificamos que se trata de uma falácia *ponens*, porque se conclui a partir da afirmação do consequente e não do antecedente do enunciado condicional, como manda a regra. Portanto, o argumento é não válido.

Entimema de 3ª ordem:

Nenhum homem digno se calaria.
Todos se calaram.

Conclusão suprimida: "∴Todos se mostraram homens indignos." Silogismo não válido por incompletude.

Silogismo completo:

Nenhum homem digno se calaria.
Todos se calaram.
∴ Todos se mostraram homens indignos.

Em modo e figura EAE–2, este silogismo não viola nenhuma das regras que delimitam os silogismos de forma válida. Portanto, é válido.

Subentendidos

Grande parte dos subentendidos que normalmente ocorrem em contextos de argumentação podem ser classificados como subentendidos de bom senso. É que, em certas situações, o enunciado subentendido é tão óbvio que, por uma questão de economia, é natural que seja suprimido. Exemplo: ao afirmar que "A temperatura de uma porção de água atingiu 100° C ao nível do mar" e que, portanto, "Esta água entrou em ebulição", é razoável que deixemos de enunciar a premissa maior deste argumento, que diz: "Se a temperatura da água atingir 100° C ao nível do mar, então a água entrará em ebulição".

No entanto, quando o objetivo é submeter tais espécies de argumentos entimemáticos a uma análise lógica, torna-se *imprescindível* completá-los, colocando-os em forma típica. Quando isto é feito, verificamos que muitas das premissas ou conclusões subentendidas como verdadeiras eram na realidade falsas. Neste caso, ou o enunciado depois revelado torna o argumento não válido ou obriga a uma alteração do valor de verdade anteriormente atribuído a uma premissa ou à conclusão do argumento.

Recordemos o rumoroso caso da Escola Base, de educação infantil, localizada na zona norte da cidade de São Paulo.

O caso, ocorrido em 1994, pode ilustrar bem a injustiça "entimemática" que uma histeria coletiva cometeu contra os proprietários da escola e contra uma pessoa totalmente alheia aos acontecimentos.

Partindo da regra universalmente aceita segundo a qual "Todos os que cometem abusos contra crianças devem ser presos e severamente punidos", uma parte significativa da opinião pública foi induzida pela irresponsabilidade de uma autoridade policial e de muitos representantes da grande mídia a concluir que "Os proprietários e funcionários da Escola Base devem ser presos e severamente punidos". E com isso, os acusadores construíram um entimema de 2ª ordem, deixando subentendida a premissa segundo a qual "Os proprietários e funcionários da Escola Base cometeram abusos contra crianças lá matriculadas".

Quando os advogados informais de defesa dos acusados – lógicos de circunstância – explicitaram esta premissa, eles verificaram que o argumento a que pertencia era válido; e que, portanto, somente sob uma condição poderiam negar a conclusão de que os acusados eram culpados e deveriam ser punidos: provar a falsidade da premissa subentendida. Foi o que fizeram. Mostraram que não havia nenhuma evidência de que os fatos alegados pela acusação na premissa subentendida tivessem ocorrido. Ou seja, mostraram que esta premissa era falsa. E, assim, as autoridades policiais não tiveram alternativa a não ser arquivar o inquérito policial, levando as pessoas acusadas a mover, contra o Estado e várias empresas de jornalismo, processos indenizatórios que correm na justiça até os dias de hoje.

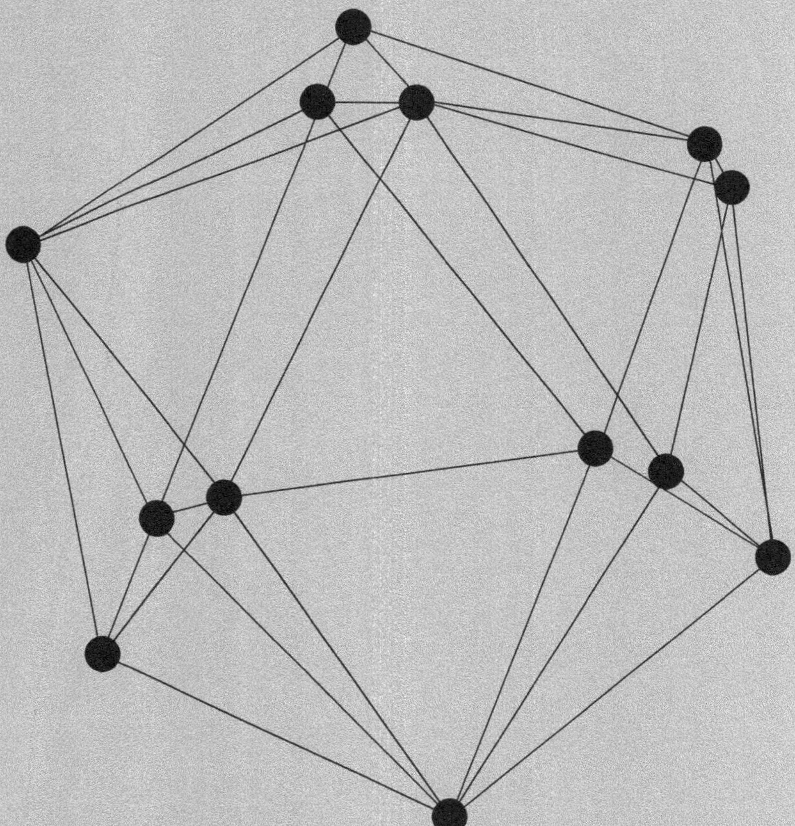

16 Cadeias de argumentos

Como vimos, silogismos categóricos com menos de três enunciados são, por definição, não válidos. E aqueles com mais de três enunciados são igualmente não válidos. Contudo, mediante a construção de uma *cadeia de silogismos*, é possível argumentar validamente.

A cadeia de silogismos é explícita quando construída de tal modo que a conclusão de um argumento vai sendo tomada como premissa do argumento seguinte, numa extensão virtualmente infinita.

Por exemplo:

Todo atleta de elite faz esforço sobre-humano.
Todo vencedor é atleta de elite.
Todo vencedor faz esforço sobre-humano.
Todo aquele que faz esforço sobre-humano é herói.
Todo vencedor é herói.
Todo herói merece aplauso
∴ *Algum ser merecedor de aplauso é vencedor.*

Cadeia implícita de argumentos[11]: *sorites*

Na construção de uma cadeia implícita de argumentos, denominada *sorites* pelos lógicos antigos, o termo-predicado do primeiro enunciado é tomado como termo-sujeito do segundo; o termo-predicado do segundo é tomado como termo-sujeito do terceiro e assim por diante até a conclusão, cujo termo-predicado é o mesmo do enunciado anterior, unido ao termo-sujeito do primeiro enunciado da cadeia.

Exemplo de *sorites*:

> *O Brasil é um país moderno.*
> *Todo país moderno é país que valoriza a cultura.*
> *País que valoriza a cultura é país civilizado.*
> *País civilizado vence a barbárie.*
> ∴ *O Brasil vencerá a barbárie.*

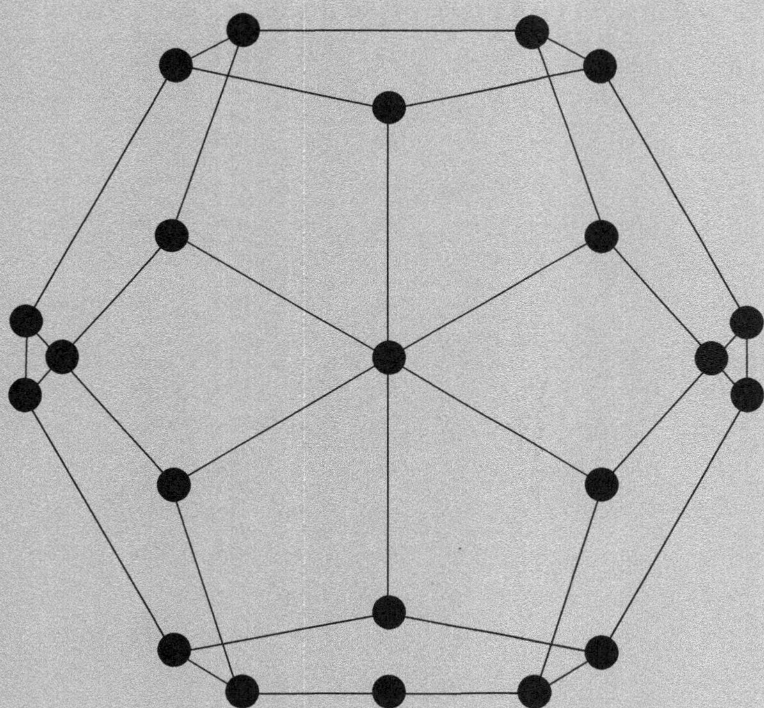

17 Lógica simbólica

A partir de meados do século 19, começa a nascer uma lógica nova, a chamada "lógica simbólica", também denominada "lógica matemática" ou "moderna".

A lógica simbólica enfrentou o problema das deficiências da linguagem natural no domínio do discurso dissertativo, desenvolvendo de forma radical uma linguagem artificial. Assim, ao substituir termos e enunciados por símbolos, esta depura a linguagem natural das ambiguidades que lhe são próprias, pondo em evidência as relações lógicas que se estabelecem no interior de enunciados e argumentos.

Para Boole[12], por exemplo, um enunciado como "O ouro é um mineral" colocaria em relação duas classes de objetos: a classe de objetos "ouro", que ele representaria através do símbolo "*x*", e a classe de objetos "mineral", que ele representaria através de "*y*". Desse modo, a tradução do enunciado acima para a linguagem simbólica seria "*xy*". Este enunciado, escrito em linguagem matemática, afirma a ocorrência de uma "classe-produto" que se refere a objetos que possuem, ao mesmo tempo, as propriedades de *x* e as propriedades de *y*.

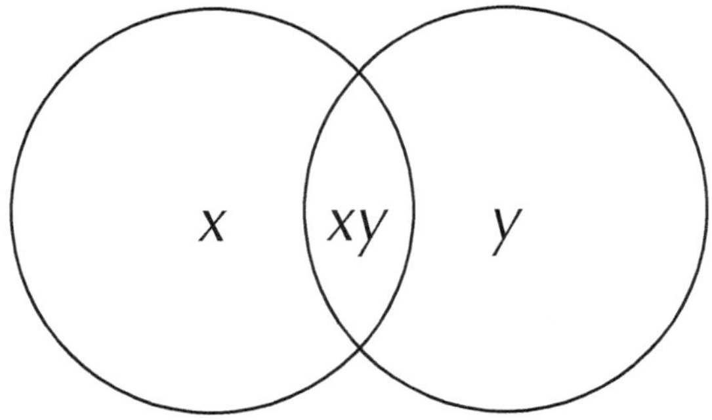

Os pesquisadores modernos que vêm depois de Boole tomam duas iniciativas: 1) não se limitam a tomar de empréstimo os símbolos da matemática, partindo para a definição de uma simbologia específica para a Lógica e 2) voltam o foco das suas atenções, do estudo das relações lógicas entre os termos dos enunciados, para a pesquisa das relações lógicas vigentes entre enunciados compostos. Enunciados compostos, como vimos, são aqueles formados pela união de dois ou mais enunciados simples. Exemplos: "O leite é branco" (enunciado simples); "O leite é branco e o café é preto" (enunciado composto). Surge então, a partir deste novo enfoque, a chamada *lógica das proposições*.

Como esta nova lógica se apresenta? Considere os seguintes enunciados compostos:

O leite é branco e o café é preto.

O leite é branco ou o café é preto.

Se o leite é branco, então o café é preto.

O leite é branco se e somente se o café é preto.

É falso que o leite é branco.

A lógica das proposições não se interessa em saber o que é nem que tipo de relação existe entre os termos sujeito e predicado de cada um destes enunciados. Nem quer saber qual a "quantidade" apresentada pelo enunciado, se particular ou universal. O que a lógica das proposições visa é estudar os tipos de conectivos que unem os enunciados: conectivo "e", conectivo "ou", expressão conectiva "se... então", expressão conectiva "se e somente se" e conectivo "não". O valor de verdade dos enunciados compostos sempre dependerá dos valores de verdade atribuídos aos enunciados simples que o compõem. Por exemplo, o enunciado composto "O leite é branco e o café é preto", denominado enunciado conjuntivo, será considerado verdadeiro somente na hipótese de que os enunciados simples que o compõem sejam ambos verdadeiros. Mas, se admitirmos que o enunciado "O café é preto" é falso, devemos inferir que o enunciado composto "O leite é branco e o café é preto" é falso também.

Com o objetivo de melhor estudar relações como esta, o lógico moderno propõe a criação de uma linguagem artificial, procedendo em linhas gerais do seguinte modo:

Enumera os símbolos da linguagem que vai criar (digamos, linguagem L), afirmando:

São símbolos da linguagem (L):

$p, q, r, s, p_1, q_1, r_1, s_1 \ldots$

Exemplos:

p = O leite é branco

q = O café é preto.

Conectivos lógicos binários: "." , "v" , "⊃" , "≡"

Conectivo lógico unário: "~"

Exemplos:

p . q = O leite é branco e o café é preto.

p v q = O leite é branco ou o café é preto.

p ⊃ q = Se o leite é branco, então o café é preto.

$p \equiv q$ = *O leite é branco se e somente se o café é preto.*

$\sim p$ = *É falso que o leite é branco.*

"(" e ")"

Parêntese esquerdo e parêntese direito, denominados sinais de pontuação: "( )"

Exemplo:

$(p \,.\, q) \supset q$

Define as regras de formação de L, indicando com precisão como os símbolos devem ser combinados para produzir fórmulas bem feitas de L;

Exemplo: *Toda sequência finita de símbolos de L é expressão de L.*

Descreve regras de transformação, indicando como operar com as fórmulas de L, de modo a obter novas fórmulas de L. Em outras palavras, o lógico define regras de inferência em L.

Exemplo: regra de simplificação:

$(p \,.\, q) \supset p$ *ou* $(p \,.\, q) \supset q$

Logo,

$p \cdot q \qquad\qquad p \cdot q$

$\therefore p \qquad\qquad \therefore q$

Num segundo momento evolutivo, utilizando os recursos da linguagem simbólica, a lógica moderna vai se interessar também pelo estudo daqueles argumentos que levam em conta as relações internas aos enunciados, particularmente as de quantidade dos seus termos. Essa lógica é a chamada *lógica dos predicados*. Por exemplo, um enunciado em linguagem natural como "Todo homem é mortal", é traduzido pela lógica moderna para esta fórmula: $(x)\ [Hx \supset Mx]$, que se lê assim: dado qualquer x no universo, se x pertence à classe dos homens, então x pertence à classe dos seres mortais.

Essa linguagem nasceu da ambição do lógico Frege[13] de construir uma teoria geral da dedução, ou seja, uma teoria capaz de fornecer regras suficientes para a construção de qualquer espécie de proposição. De fato, Frege, um dos principais criadores da nova lógica, procurou demonstrar a possibilidade de explicar a estrutura dos enunciados em geral a partir do conceito matemático de função. Para ele, a diferença formal entre o enunciado "A rosa embeleza a mesa" e este outro enunciado $y = 2x^2 + 3x - 1$ é apenas esta: o primeiro é um enunciado completo ou "saturado" e o segundo é incompleto ou "insaturado".

Para torná-los formalmente iguais, bastaria colocar em evidência a função proposicional presente no primeiro. Temos então que "( ) embeleza a mesa" é a forma insaturada de "A rosa embeleza a mesa". Assim como definimos o valor da "função algébrica" acima, determinando o valor de *x* (Se *x* vale 2, *y* vale 13), do mesmo modo definimos o valor da "função proposicional" considerada, completando ou "saturando" o espaço entre parênteses com um "argumento"[15], no caso "rosa". Dessa função proposicional saturada, resulta o enunciado completo "A rosa embeleza a mesa". Quanto às antigas formas dedutivas aristotélicas, estas não desaparecem; são absorvidas pelos modernos sistemas lógicos, para aí figurarem como teoremas. De fato, o clássico silogismo hipotético:

Se todos os mamíferos são animais.
Se todos os animais são mortais.
∴ *Todos os mamíferos são mortais.*

constitui o teorema $[(p \supset q) . (q \supset r)] \supset (p \supset r)$, que é um dentre os muitos que integram os modernos sistemas lógicos.

Estes absorvem ainda, expressos em linguagem simbólica, as tradicionais inferências imediatas, os silogismos condicionais, como os *modus ponens* e *tollens*, e todos os silogismos categóricos.

Contudo, esta absorção não se faz sem que antes a lógica moderna promova alguns ajustes conceituais em tópicos importantes da lógica aristotélica. Por exemplo, os recursos analíticos da lógica moderna reduzem o "quadrado de oposições lógicas" a apenas uma relação: a de contradição. Para uma explicação detalhada da crítica moderna à lógica tradicional, você poderá consultar a *Introdução à lógica simbólica*, do professor Margutti Pinto.

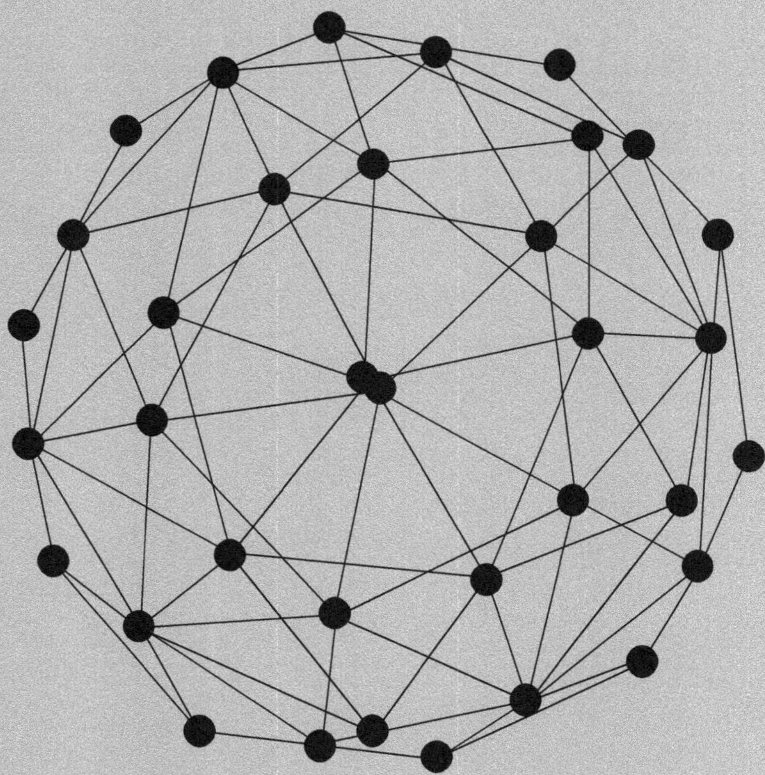

18 Respostas aos desafios lógicos

Desafio 1: **Os políticos mentem**

Apresentação natural do argumento

Se o primeiro nativo era político, então ele respondeu com mentira, isto é, respondeu que era não político; se era de fato não político, então respondeu com verdade, isto é, respondeu que era não político. Portanto, em qualquer das hipóteses, o primeiro nativo respondeu que era não político. (*Dilema unicórnio*). Ora, o segundo nativo falou a verdade, ao informar que o primeiro nativo negou ser um político. Se o terceiro nativo mentiu, ao dizer que o primeiro nativo era político, então o terceiro era político e o primeiro era não político. E vice-versa: se o terceiro nativo disse a verdade, ao dizer que o primeiro nativo era político, então o terceiro era não político e o primeiro era realmente político. (*Inferência por contradição*). Conclusão: com base nos dados do problema, pode-se afirmar que não é possível responder *quais* desses nativos eram políticos. Somente *quantos* – apenas um. O segundo nativo, ficou provado, era não político. Logo, o político será o primeiro ou o terceiro.

Apresentação-padrão do argumento

Arg 1 (Argumento 1)

Ou o primeiro nativo era político ou o primeiro nativo era não político. (Enunciado do problema)

Se o primeiro nativo era político, então o primeiro nativo respondeu ao estrangeiro que era não político. (Enunciado do problema)

Se o primeiro nativo era não político, então o primeiro nativo respondeu ao estrangeiro que era não político. (Enunciado do problema)

∴ *O primeiro nativo respondeu ao estrangeiro que era não político. (Dilema unicórnio)*

Arg 2

Se o primeiro nativo respondeu ao estrangeiro que era não político, então o segundo nativo disse a verdade. (Enunciado do problema)

O primeiro nativo respondeu ao estrangeiro que era não político. (Arg 1)

∴ O segundo nativo disse a verdade. (Modus ponens)

Arg 3

Se o segundo nativo disse a verdade, então o segundo nativo era não político. (Enunciado)

O segundo nativo disse a verdade. (Arg 2)

∴ O segundo nativo era não político. (Modus ponens)

Arg 4

Ou o terceiro nativo mentiu (ao afirmar que o primeiro nativo era político) ou o terceiro nativo disse a verdade (ao afirmar que o primeiro nativo era político. (Enunciado)

Se o terceiro nativo mentiu, então o terceiro nativo era político e o primeiro nativo era não político. (Enunciado do problema)

Se o terceiro nativo disse a verdade, então o terceiro nativo era não político e o primeiro nativo era político. (Enunciado do problema)

∴ Ou o terceiro nativo era político e o primeiro nativo era não político ou o terceiro nativo era não político e o primeiro nativo era político. (Dilema e Inferência por não contradição)

Conclusão final: havia somente um nativo com identidade determinada, o segundo nativo, que era não político; e dois nativos com identidades intederminadas, podendo o político ser ou o primeiro nativo ou o terceiro.

Apresentação simbólica do argumento

Enunciados

O primeiro nativo era político = p

O primeiro nativo respondeu que era não político = q

O segundo nativo disse que o primeiro nativo respondeu que era não político = r

O segundo nativo disse a verdade = s

O segundo nativo era não político = t

O terceiro nativo mentiu = u

O terceiro nativo disse a verdade = v

O terceiro nativo era político = x

Conectivos lógicos

ou (disjunção) = " v "

e (conjunção) = " . "

se..., então... (implicação) = " ⊃ "

não (negação) = " ~ "

portanto = " ∴ "

Arg 1

1. p v ~p

2. p ⊃ q

3. ~p ⊃ q / ∴ q

4. p (1. 2. 3 Dilema unicórnio)

Arg 2

1. q ⊃ s

2. q / ∴ s

3. s (1, 2, Modus ponens)

Arg 3

1. s ⊃ t

2. s/ ∴ t

3. t (1, 2 Modus ponens)

Arg 4

1. u v v

2. u ⊃ (x . ~p)

3. v ⊃ (~x . p)

4. *∴ (x . ~p) v (~x . p) (Dilema e inferência por não contradição)*

Conclusão final: t . [(x . ~p) v (~x . p)]

Arg 5

1. Arg 3

2. Arg 4/\ t . [(x . ~p) v (~x . p)]

3. t. [(x . ~p) v (~x . p)] 1, 2

Desafio 2: **O cego enxerga**

Apresentação natural do argumento

Raciocinou o cego: "A cor do chapéu que tenho em minha cabeça é branca. Por quê? Porque, se o prisioneiro de visão normal tivesse visto que o chapéu que eu tinha em minha cabeça e o chapéu que o caolho tinha na cabeça dele eram vermelhos, então o prisioneiro de visão normal teria respondido (inferido) que o chapéu que tinha na própria cabeça só podia ser branco. Mas o prisioneiro de visão normal não respondeu. Logo, ele viu pelo menos um chapéu branco que podia estar ou na minha cabeça ou na cabeça do caolho. Por outro lado, se o caolho tivesse visto o de visão normal e a mim, o cego, ambos com chapéu vermelho, também ele teria respondido (inferido) que o chapéu que tinha na própria cabeça era branco; *do mesmo modo*, o caolho também teria respondido que o chapéu que tinha na própria cabeça só podia ser branco, se tivesse visto um chapéu vermelho na minha cabeça. Mas, como sabemos, o caolho não respondeu. E não respondeu, porque não viu um chapéu vermelho na minha cabeça. *(Lógico! Sabendo que o prisioneiro de visão normal não tinha visto dois chapéus vermelhos, se o prisioneiro caolho tivesse visto um chapéu vermelho na minha cabeça, inferiria que o chapéu que tinha na própria cabeça era branco!)* Consequentemente, pelo que meus amigos disseram, vejo claramente que a cor do meu chapéu é branca."

Apresentação-padrão do argumento

Arg 1

> *Se o prisioneiro de visão normal visse o prisioneiro caolho e o prisioneiro cego com chapéus vermelhos, então o prisioneiro de visão normal responderia ao carcereiro. (Enunciado do problema)*
>
> *O prisioneiro de visão normal não respondeu ao carcereiro. (Enunciado do problema)*
>
> *∴ O prisioneiro de visão normal não viu o prisioneiro caolho e o prisioneiro cego ambos com chapéus vermelhos. (Modus tollens)*

Arg 2

Se o prisioneiro caolho visse o prisioneiro de visão normal e o prisioneiro cego ambos com chapéus vermelhos ou visse o prisioneiro de visão normal com chapéu branco e o prisioneiro cego com chapéu vermelho, então o prisioneiro caolho responderia ao carcereiro. (Enunciado do problema)

O prisioneiro caolho não respondeu ao carcereiro. (Enunciado do problema)

∴ O prisioneiro caolho não viu o prisioneiro de visão normal e o prisioneiro cego ambos com chapéus vermelhos e não viu o prisioneiro de visão normal com chapéu branco e o prisioneiro cego com chapéu vermelho. (Modus tollens)

Arg 3

Ou a cor do chapéu do prisioneiro cego era branca ou a cor do chapéu do prisioneiro cego era vermelha. (Enunciado do problema)

A cor do chapéu do prisioneiro cego não era vermelha. (Arg 2)

∴ A cor do chapéu do prisioneiro cego era branca. (Silogismo disjuntivo)

Apresentação simbólica do argumento[13]

Enunciados

O prisioneiro de visão normal viu o prisioneiro caolho e o prisioneiro cego ambos com chapéus vermelhos = p

O prisioneiro de visão normal respondeu ao carcereiro = q

O prisioneiro caolho viu o prisioneiro de visão normal e o prisioneiro cego ambos com chapéus vermelhos = r

O prisioneiro caolho viu o de visão normal com chapéu branco e o prisioneiro cego com chapéu vermelho = s

O prisioneiro caolho respondeu ao carcereiro = t

A cor do chapéu do prisioneiro cego era branca = u

A cor do chapéu do prisioneiro cego era vermelha = v

Arg A

1. $p \supset q$

2. $\sim q$ / $\therefore \sim p$

3. $\sim q \supset \sim p$ 1. *(Transposição)*

4. $\sim p$ 2. 3. *MP*

Arg B

1. (r . s) ⊃ t.

2. ~ t / ∴ ~ (r . s)

3. ~ t ⊃ ~ (r . s) 1. (Transposição)

4. ~ (r . s). (2. 3 Modus ponens)

Arg C

1. u v v

2. ~ v. / ⊃ u

3. u 1. 2. (Silogismo disjuntivo)

Arg D

1. (~ p . ~ (r . s)) ⊃ u

2. (~ p . ~ (r . s)) / ∴ u

3. u. (1.2. Modus ponens)

19 Afinal, é tudo lógica?

Admitida a definição de discurso lógico como afirmação apoiada em evidência, talvez se possa dizer que nunca como hoje a Lógica esteve tão ausente da nossa vida em sociedade. Dirigidos por governos, monopólios econômicos e seitas religiosas – que contam com a ajuda de poderosos sistemas de comunicação e publicidade, enquanto nós, cidadãos, não temos o contrapeso de um sistema de educação laica igualmente poderoso –, somos torpedeados por toda espécie de comandos e ordens, sem qualquer justificação. E ainda corremos perigos mais recentes, representados pela "viralização" das declarações falsas, as chamadas *fake news*!

Mas, paradoxalmente, nunca como hoje a Lógica esteve tão presente em nossas vidas.

Adaptando com grande flexibilidade os recursos linguísticos da lógica simbólica, a chamada lógica computacional ou lógica dos computadores desenvolveu-se extraordinariamente em nossos dias. Do ponto de vista da tradição dos estudos da Lógica, constitui exagero falar-se de uma lógica computacional, assim como o seria discorrer com propriedade sobre uma lógica jurídica ou lógica econômica. Mais apropriado seria falarmos em lógica aplicada aos sistemas de computação, aos sistemas jurídicos, econômicos, e assim por diante. É que, em termos de magnitude de objeto e de objetivos de estudo, a Lógica, por assim dizer, acadêmica elevou-se a tal altura que a "lógica computacional" está muito longe de poder ou pretender alcançar.

Mas isto não preocupa nem um pouco os cientistas da computação. Pois foi exatamente por limitar a extensão e os objetivos da Lógica – restringindo-se à exploração das possibilidades de cálculo abertas pela lógica proposicional e, particularmente, pelos desenvolvimentos sintáticos desta – que a lógica computacional pôde desenvolver-se tanto. A partir dessa limitação, ela se desenvolve de modo assombroso.

De fato, ajustando a semântica binária do cálculo proposicional aos recursos simbólicos e sintáticos da lógica moderna, ao mesmo tempo em que os associava aos valores e técnicas de utilização da corrente elétrica, a engenharia da computação automatizou ao extremo o processo dedutivo, propiciando uma velocidade de "raciocínio" vertiginosa e quase ilimitada. Tudo a serviço dos mais diversos ramos da ciência, dos negócios, da tecnologia de processos, das plataformas de comunicação e, agora, das inteligências artificiais, que aprisionam ampla e implacavelmente as nossas vidas.

Surpreendentemente, porém, estas maravilhosas soluções tecnológicas, oferecidas hoje à sociedade, apoiam-se na observância rigorosa da monumental regra de dedução dada ao mundo por Aristóteles há quase vinte e cinco séculos.

Cada cadeia de fórmulas – com as quais os lógicos da computação movem céus e terras, colocando a lógica em nossas vidas por meio das sofisticadas tecnologias que nos cercam – não deixa de ser aquilo que Aristóteles descreveu como "discurso no qual, postas certas coisas, algo outro que não estas resulta necessariamente do fato de estas terem sido postas".

20 Além das lógicas

Além da lógica formal e das metodologias científicas, que combinadas foram essenciais para o desenvolvimento dos conhecimentos científicos e tecnológicos da humanidade, muitas outras "disciplinas" tornam-se indispensáveis quando o objetivo é a construção de sociedades solidárias e democráticas, em que cada indivíduo possa viver, estudar, trabalhar, amar e sonhar livremente.

Daí a preocupação dos grandes pensadores do nosso tempo em chamar a atenção para a necessidade de se mobilizarem equipes interdisciplinares para estudar as realidades novas e crescentemente complexas do tempo em que vivemos. Mobilizando outras regiões do cérebro e da sensibilidade do homem, além daquela em que habitam as abstrações puras das ciências exatas, com certeza filosofia, história, política, literatura, artes, poesia e música estão entre as disciplinas que nos ajudarão a compreender os dramas e aventuras hoje vividos pela sociedade humana.

21 Lógica libertária

Os poetas são indispensáveis mestres de liberdade, mas não somente. Os primeiros filósofos-historiadores gregos diziam (em versos rimados!) que a filosofia era filha da Maravilha (*Thaumante*). É possível então concluir que os poetas participavam do mesmo sentimento especial de emoção, maravilhamento e surpresa que estava na origem da filosofia, a mãe de todos os conhecimentos que tornaram possível a nossa civilização.

Deixando talvez aflorar memória ancestral, o poeta Carlos Drummond de Andrade finge ser um "lógico" no início do seu poema "Quadrilha". E joga com o leitor, dando a impressão de que este está diante de um autêntico e rigoroso argumento, assistindo aos personagens do poema caminharem para um final necessário e inelutável, tão necessário e inelutável quanto a conclusão de um argumento dedutivo válido. Afirma ele: "João amava Teresa que amava Raimundo/ que amava Maria que amava Joaquim que amava Lili/ que não amava ninguém".

Embora possamos simular uma formulação aparentemente lógica destas afirmações – [(J ⊃ T), (T ⊃ R), (R ⊃ M), (M ⊃ JQ), (JQ ⊃ L), ~(L ⊃ A)[15]], que leríamos assim: "João pertence à classe das pessoas que amam Tereza, Tereza pertence à classe das pessoas que amam Raimundo, Raimundo pertence à classe das pessoas que amam Maria, Maria pertence à classe das pessoas que amam Joaquim, Joaquim pertence à classe das pessoas que amam Lili, Lili não pertence à classe das pessoas que amam alguém" – na verdade não estamos diante de argumento algum.

O que temos diante nós é uma coleção de enunciados paralelos, que não se articulam de modo a constituir uma relação de inferência. Ao contrário de um discurso-argumento tal como o definimos acima, que conduz o leitor de afirmação em afirmação até a imposição de uma afirmação final que conclui, fecha um mesmo movimento de pensamento, o discurso-poema de Drummond conduz a uma afirmação limite que não fecha. Pelo contrário, abre uma cadeia de ideias que é expressão da reiteração do fado vivido por suas personagens. Com exceção de Lili, que não ama ninguém. E por isso rompe a falsa lógica, quebra o que parecia regra rija, fim necessário, e se liberta de um destino aparentemente traçado.

Se para o bem ou para o mal – ou para coisa nenhuma –, você julgará depois de conhecer a história futura do ato antidedutivo de Lili, na segunda parte do breve poema de Drummond.

Notas

1. Irving Copi, p.43

2. Copi distingue duas espécies de 'premissas': uma apoia uma verdade que se quer provar; outra explica uma verdade já estabelecida. A primeira chama-se 'justificação' e constitui um argumento propriamente dito; a segunda denomina-se 'explicação' e não constitui argumento. Expressas por uma mesma fórmula ("Q porque P"), é necessário levarmos em conta a intenção do autor do discurso para determinarmos se estamos diante de um autêntico argumento, ou de uma simples explicação. Mas, para atingirmos o objetivo que nos propusemos neste livrinho —colocar em evidência a forma de qualquer argumento— podemos ignorar esta diferença, que interessa mais aos estudiosos de metodologia das ciências. Portanto, tomaremos a palavra premissa, indiferentemente, como justificação ou explicação de uma conclusão.

3. Apresentado por Salmon, obra citada, p. 29.

4. A verdade ou falsidade de um enunciado, em si mesmo considerado, fora de uma estrutura argumentativa, pode romper casamentos, fazer cair a bolsa de valores, provocar a guerra ou a paz. Mas no interior de uma estrutura argumentativa, o grande estrago que um enunciado verdadeiro ou falso pode causar consiste em minar a consistência da conclusão. Daí a proposição de regras de inferência adicionais pela lógica avançada, a fim de aumentar a força do conjunto argumentativo. (Copi, 293-299).

5. A questão da natureza dos termos, particularmente dos que se referiam aos conceitos de gênero e espécie na filosofia de Aristóteles, chamados termos universais pelos lógicos medievais, atormentou os grandes filósofos por séculos (e talvez atormente ainda!)

6. Talvez Aristóteles tenha batizado esta forma de argumento com o nome de *silogismo* (que em grego significa cálculo) por analogia com a matemática do seu tempo. A matemática diz que duas grandezas iguais a uma terceira são iguais entre si, o silogismo afirma que dois termos iguais a um terceiro são iguais entre si. Portanto, a proposição declaratória compara dois termos, que podem ser constituídos de um ou mais de um vocábulo.

7. O leitor atento deve ter percebido que estamos mesclando conceitos. Poderíamos dizer 'termos', conceitos da velha lógica, mas, neste nível de iniciação, preferimos o moderno 'classes'.

8. Para ajudar-nos a memorizar estas 19 formas válidas de argumento silogístico, os lógicos latinos criaram 19 palavras reunidas em versos, cujas vogais simbolizam enunciados nas funções sequenciais de premissa maior, premissa menor e conclusão. São elas: *Barbara* [bArbArA], *Celarent, Darii, Ferio; Cesare, Camestres, Festino, Baroco; Darapti, Felapton, Disamis, Datisi, Bocardo, Ferison; Bamalip, Calemes, Dimatis, Fesapo, Fresison.*

9. *Introdução à lógica*, Irving Copi, pp. 184-189

10. Os exemplos de violação, com exceção do que ilustra a regra sexta, são os propostos por MARTAIN, pp 207-9)

11. A cadeia implícita de argumentos, batizada *Sorites*, foi um esforço dos lógicos latinos para superar as dificuldades impostas pelo fato de os silogismos serem argumentos "curtos", limitados a raciocínios que articulam apenas 3 proposições. A lógica simbólica vai mais além nessa direção, propiciando a construção de argumentos "longos", com maior precisão conceitual.

12. George Boole, matemático britânico, que viveu em meados do século passado.

13. Gottlob Frege, matemático, lógico e filósofo alemão, falecido em 1925.

14. Neste contexto, 'argumento' tem um significado diferente. Explica o Dicionário Abbagnano: "Argumento (...) é o que preenche o espaço vazio de uma função ou aquilo a que uma função deve aplicar-se para que tenha um valor determinado".

15. Ao efetuarmos a negação do predicado desta última frase, colocamos em evidência o idiotismo do estilo, que contradiz a afirmação final do poema. Pois a negação de 'um ser que não amava ninguém', constituindo dupla negação, equivaleria à afirmação de que existe 'um ser (no caso, Lili) que amava alguém'. Fugindo deste idiotismo, conservamos a negação da frase e substituímos o predicado 'ninguém' por 'alguém'. E pudemos afirmar então que Lili 'não era um ser que amava alguém'.

16. Ver algumas regras básicas de inferência in Copi, p.p. 261, 262 e 266.

Bibliografia básica

Copi, Irving M. *Introdução lógica*, Editora Mestre Jou, São Paulo, 1980.

Hegenberg, Leônidas. *Lógica sim*bólica, Herder, São Paulo, 1966.

Margutti Pinto, P. R. *Introdução à lógica simbólica*, Editora UFMG, Belo Horizonte, 2001.

Maritain, Jacques. *Lógica menor – A ordem dos conceitos*, Agir, Rio de Janeiro, 1966.

Salmon, Wesley C. *Lógica*, Zahar Editores, Rio de Janeiro, 1981.